日本の安全保障

加藤 朗
Kato Akira

ちくま新書

1220

日本の安全保障【目次】

序章 日本の平和主義はいかに可能か

†安倍ドクトリンの無力

二〇一六年九月九日、北朝鮮が第五回の核実験を実施した。一月六日の第四回核実験(北朝鮮は水爆と称している)から、時を置かずして実験していることから、核兵器の大量生産やミサイルの弾頭部分に搭載できる弾頭化にどうやら成功したようだ。核兵器だけではない。運搬手段である弾道ミサイルの技術も確実に向上している。衛星打ち上げと称する発射も含めて、九月時点で二〇一六年の弾道ミサイルの発射実験は一三回にも及ぶ。しかも潜水艦発射ミサイル(SLBM)や、グアムを射程に収める中距離弾道ミサイルのテポドン改良型やムスダンの実験にも成功したようだ。日本本土を完全に射程に収める準中距離弾道ミサイルのノドンは、九月五日に三発を移動式発射台から連続発射したことで、完全に実戦化に成功した。イージス艦のSM-3およびPAC3によるミサイル防衛はさらに困難になった。

北朝鮮が、これほどまでに核やミサイル技術を高度化できたということは、外交や制裁が何も意味がなかったということである。仲裁裁判所の判断で大きな政治的打撃を受けた中国も南シナ海問題での巻き返しを図っている。同時に尖閣諸島への軍事的圧力はいっそう高まっている。安倍政権が頼みの綱とするアメリカは大統領選でオバマ政権はレーム・ダック状態にあり、次期政権がアジア重視のリバランス政策をどこまで重視するか全く不透明である。東南アジア政策で安倍政権が頼みの綱とするフィリピンも、ドゥテルテ大統領が米中の足元を見透かすように、米軍特殊部隊の撤退を要求する一方、中国には領土問題で融和政策をとろうとしている。

要するに、二〇一五年九月に成立した安全保障関連法で日本の安全保障環境が改善されるどころか悪化する一方である。安倍政権の積極的平和主義が早くも手詰まりを起こしている。この外交的閉塞状況に風穴を開けようと、安倍政権は対露外交に活路を見出そうとしている。国民も日本の外交の無力さを受け入れるかのように、北朝鮮の核実験にさほど驚く風もなく、日本を取り巻く安全保障環境の激変に無関心どころか、もはや諦念さえ感じられる。一年前のあの喧騒は一体何だったのだろうか。

†護憲と改憲の十年一日の論争

二〇一五年、安倍ドクトリンの根幹となる安保法制の制定に至るまで、国内ではさまざまな論争が繰り広げられた。論争の対立軸は多岐に渡る。Abephilia（安倍好き）対Abephobia（安倍嫌い）の個人的感情論から、保守対リベラルのイデオロギー、国際協調主義対一国平和主義の外交政策、日米同盟対多国間協調の同盟政策など千差万別である。中でも集団的自衛権をめぐる憲法論議が再燃し、それまで安倍政権ペースで進んでいた安保法制の議論の潮目が完全にひっくりかえてしまった。そのため安倍政権は安保法制を成立させるために国会を九五日間も、異例の長期にわたって延長することになった。

きっかけは二〇一五年六月四日に開催された国会の憲法調査会で自民党が招致した長谷部恭男早稲田大学教授をも含め、三人の参考人全員が二〇一四年七月の閣議決定による集団的自衛権行使容認を憲法違反と断定したことにある。この違憲発言以降、世論が一気に盛り上がり、国会でも民主党をはじめ野党が一斉に集団的自衛権行使容認を違憲として安倍政権を批判し、安保法制の廃案をもとめた。朝日新聞は六月一六日の社説で「「違憲」の安保法制　廃案で出直すしかない」と廃案を主張した。また毎日新聞も六月二五日の社説で「国会は「違憲法案」を通すな」と題し、一部廃案、修正をもとめた。

まさにデジャブである。一九九二年のPKO法案以降、一九九八年の周辺事態法、二〇〇一年のテロ特措法そして二〇〇三年のイラク特措法などの騒ぎを見ているかのようである。事実、今回の騒動は、これまでも幾度となく繰り返されてきた、憲法の理想と政治の現実の乖離、国際協調主義と一国平和主義の矛盾に基づく護憲派対改憲派の論争である。湾岸戦争を契機に始まったこの論争は、本質的に何ら決着をみないまま、憲法の理想が政治の現実に手繰り寄せられてしまった。事実、民主党政権下で自衛隊PKO部隊はアフリカ南スーダンにまで展開し、ジブチには自衛隊の海外恒久基地がおかれるまでに至った。護憲派はこうした事実に目を背けるかのように、十年一日どころか四半世紀にわたって憲法を護れと声を張り上げるばかりである。他方改憲派も政治の現実を見よと、単に状況に追認することしか主張しない。両者に欠落していたのは、現実無視の理想主義でもなく、理想なき現実主義でもない、理想主義的現実主義に基づく穏当で真っ当な安全保障戦略である。

†南海先生、教えてください!

それで思い起こした本がある。それは今から一世紀以上も前一八八七年に中江兆民が書いた『三酔人経綸問答』である。登場人物は三人。当時流行した社会進化論の進化の思想に基づき欧州列強の権力政治を批判し人類の理想である民主主義や武装放棄、非戦論を主張する理想主義者の洋学紳士君、他方、同じ社会進化論に基づきながら進化よりも弱肉強食、適者生存の論理を重視し日本も欧州列強に対抗し中国進出を鼓吹する東洋豪傑君、そして現実主義的立場から両者の議論を理想主義的、非現実的と批判を加える南海先生。誤解を恐れずに言えば、洋学紳士君はルソー、東洋豪傑君はホッブズ、両者を止揚した南海先生はカントの思想をそれぞれ象徴していると考えれば、三人の議論は今も全く古びていない。

改憲派、護憲派の論争は、洋学紳士君と東洋豪傑君の問答そのままだ。

非武装を主張する平和主義ハト派の洋学紳士君、武装を主張する現実主義タカ派の東洋豪傑君の両説を南海先生は平和主義的な現実主義のフクロウ派の視点からそれぞれ次のように批判する。

「紳士君の説は、ヨーロッパの学者がその頭の中で発酵させ、言葉や文字では発表したが、まだ世の中に実現されていないところの、眼もまばゆい思想上の瑞雲のようなもの。豪傑君の説は、昔のすぐれた偉人が、百年、千年に一度、じっさい事業におこなって功名をかち得たことはあるが、今日ではもはや実行し得ない政治的手品です。瑞雲は、未来への吉兆だが、はるかに眺めて楽しむばかり。手品は、過去のめずらしいみものだが、ふり返って痛快がるばかり。どちらも現在の役にたつはずのものではありません」[1]。そして南海先生の結論は、二人にとっては全く期待はずれにも、穏当で至極真っ当なものであった。南海先生の言によれば、「国家百年の大計を論ずるようなばあいには、奇抜を看板にし、新しさを売物にして痛快がるというようなことが、どうしてできましょうか」[2]。外交の方針としては、「平和友好を原則として、国威を傷つけられないかぎり、高圧的に出たり、武力を振るったりすることを」しない[3]。安保法制の賛成、反対のいずれの議論も結局、「奇抜を看板にし、新しさを売物にして痛快がるというようなこと」でしかなかったのではないか。

明治以来、島国で小国日本が取りうる国家安全保障戦略は南海先生の教え以外にない。にもかかわらず、日本は南海先生の教えに背き、東洋豪傑君の道を歩んだ。その結果が、敗戦と占領である。戦後は一転して、日本は洋学紳士君の道を歩み始めた。冷戦時代にはアメリカの庇護の下で瑞雲を眺めていればよかった。しかし、冷戦が終焉しアメリカから自立を求められようになると瑞雲を眺めて楽しむ余裕は全くなくなってしまった。残念ながら護憲派には洋学紳士君が主張するように、最後は「弾に当たって死ぬだけのこと」[4]と非暴力・無抵抗の理想のために命を捧げるほどの覚悟はなかった。他方改憲派はやたら武威を誇示する東洋豪傑君の道へと踏み出そうとしている。

今日本に必要なのは、「どちらも現在の役にたつはずのものでは」ない洋学紳士君や東洋豪傑君の説ではなく、南海先生の教えを実践することである。憲法の理念に沿って平和友好を原則とし、政治の現実に合わせて「国威を傷つけられないかぎり、高圧的に出たり、武力を振るったりすることを」しない専守防衛を旨とする。考えてみれば、「奇抜を看板にし、新しさを売物にして痛快がるというようなこと」もなく、これほど常識的で穏当で真っ当な国家安全保障戦略はない。

†積極平和主義の問題点

ところが安倍ドクトリンは、そうではなく、東洋豪傑君もどきの「奇抜を看板にし、新しさを売物にして痛快がるというような」国家戦略ではないか。

本論でいう、安倍ドクトリンとは、いわゆる福田ドクトリンに連なる日本の東南アジア外交の基本政策ではなく、これまで日本の国家戦略であった経済優先・軽武装の吉田ドクトリンに代わる国家戦略を意味する。

安倍ドクトリンの基本文書である「国家安全保障戦略」は「Ⅱ　国家安全保障の基本理念」で、次のように我が国が掲げる理念を高らかに宣言している。「我が国は、今後の安全保障環境の下で、平和国家としての歩みを引き続き堅持し、また、国際政治経済の主要プレーヤーとして、国際協調主義に基づく積極的平和主義の立場から、我が国の安全及びアジア太平洋地域の平和と安定を実現しつつ、国際社会の平和と安定及び繁栄の確保にこれまで以上に積極的に寄与していく。このことこそが、我が国が掲げるべき国家安全保障の基本理念である」。

ここでいう「平和国家としての歩み」とは、基本理念の説明文中にある「我が国は、戦後一貫して平和国家としての道を歩んできた。専守防衛に徹し、他国に脅威を与えるような軍事大国とはならず、非核三原則を守るとの基本方針を堅持してきた」ことを指す。この「平和国家としての歩み」とりわけ専守防衛と「国際協調主義に基づく積極的平和主義」とは両立するのだろうか。洋学紳士君と東洋豪傑君の主張をつぎはぎして、「奇抜を看板にし、新しさを売物にして痛快がるというようなこと」をしているのではないか。本書の問題意識はここにある。

この問題意識に基づいて本書の目的は、安全保障政策に限定した狭義の安倍ドクトリンすなわち積極的平和主義に基づく国家安全保障戦略の問題点を指摘し、そして東洋豪傑君もどきの安倍ドクトリンに代わり、洋学紳士君ではなく南海先生の教えに倣う平和大国ドクトリンを提案することにある。

†経済力と軍事力の低下——日本の立ち位置

安倍ドクトリンに賛成、反対の議論の前にまず確認しておかなければならないことがある。それは、現在の世界やアジアにおける日本の立ち位置である。一言で言えば、日本はもはや世界の大国でもなければ、アジアの大国でもない。小国とは言わないまでも、経済力、軍事力で日本を追い抜いた中国の後塵を拝する中級国家でしかない。中国が再び文化大革命のような混乱にでも見舞われない限り、日中間の位置取りは変わらない。それが厳然たる事実である。にもかかわらず、右も左もいまだに大国幻想に捕われて、等身大の自画像を思い描くことができない。「国家安全保障戦略」でも、依然として「強い経済力及び高い技術力を有する経済大国である」と自信過剰、自己過信している。まずは今日本がどのような立ち位置にあるかをしっかりと確認しておこう。

GDPの国際比較を見てみよう（図1　GDPの国際比較）[6]。二〇〇九年、日本は一九六九年、四一年間以来守り続けたGDP世界第二位の称号を中国に明け渡した。その後日中の格差は開くばかりである。安倍首相は、安保法制制定直後の二〇一五年九月二四日、アベノミクス第二ステージの目標として名目GDP六〇〇兆円の目標を打ち上げた。仮に、この目標が達成されたとしても、一ドル一〇〇円で換算すれば、六兆ドルにしかならず、鈍化したとはいえ着実に成長を続ける中国との差は開くばかりであろう。

また多くの日本人が、一人当たりのGDPでは日本が中国よりも圧倒的に上で、中国の国民はまだ貧しいというイメージを持っているかもしれない。たしかに日本は約三万六〇〇〇ドル、中国は約七六〇〇ドルと日本の約五分の一しかない。しかし、だからと言って中国の国民が日本人よりも貧しいことにはならない。あくまでも個人GDPは平均でしかない。一部、といっても一三億人もの人口を抱える中国だから日本以上に富裕層は多い。『グローバルウェルス・レポート二〇一五年版』によれば、流動資産約一億円以上の富裕層が中国では約三六一万人とアメリカの約六九〇万人に次いで世界第二位であり、第三位の日本の約一一三万人の三倍もいる。[7] 中国には富裕層はいくらでもいる。

富裕層の数よりも、むしろ二〇一四年に日本の個人GDPがOECD諸国内では一九七〇年以来最低の第二〇位（図2　主要国の一人当たり名目GDPのOECD加盟国中の順位）[8]に転落した事実をしっかりと我々は認識すべきだろう。日本国民は貧しくなる一方である。

経済力の衰退は、軍事力の相対的低下をもたらす。冷戦後の日本の防衛費は、二一世紀に入って五兆円足らずで、ほぼ横ばいの状態にある。他方、中国は一貫して右肩上がりである（グラフ「中国国防費との比較（最近一〇年間）」、「周辺国国防費との比較」）[9]。この結果、

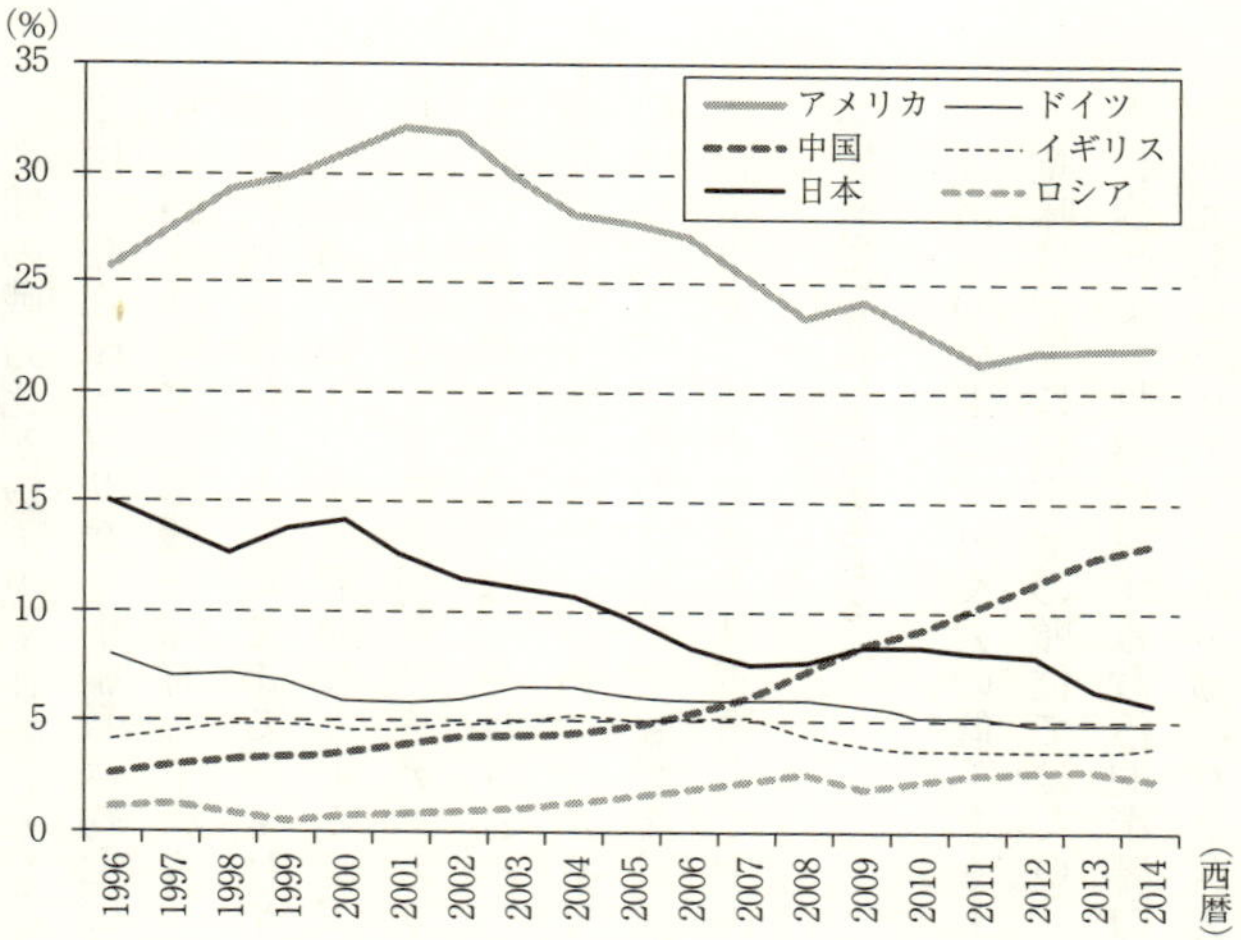

図1　ＧＤＰの国際比較（世界に占める比率）

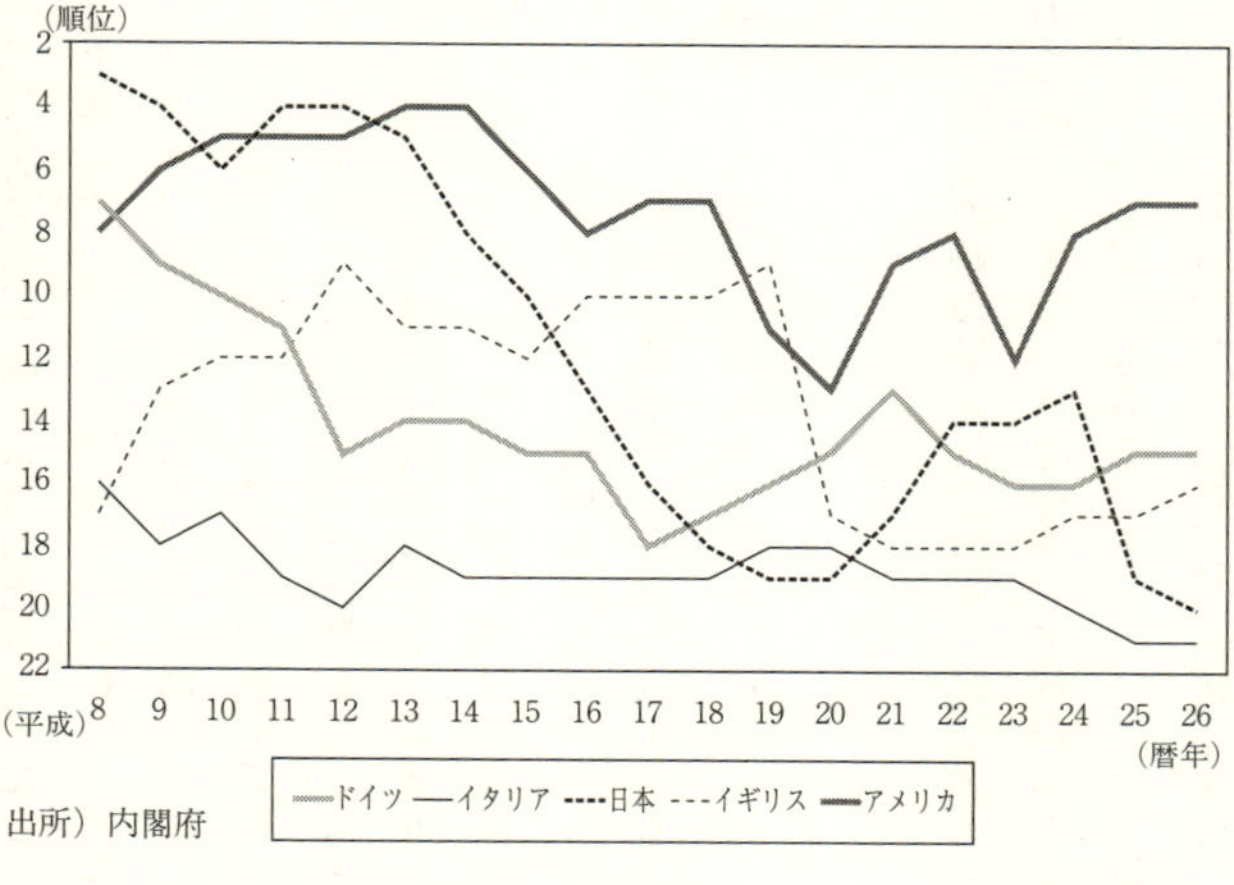

出所）内閣府

図2　主要国の一人当たり名目 GDP の OECD 加盟国中の順位

日中間の戦力比が数の上で逆転してしまった（「日中など六か国の軍事力比較」）[10]。たとえば中国の駆逐艦・フリゲート艦数は約七〇隻、潜水艦約六〇隻、航空戦力のいわゆる第四世代戦闘機は約七三〇機を保有している[11]。対する日本は、護衛艦四七隻、潜水艦一六隻、第四世代戦闘機約二九〇機である[12]。もはや日本が中国に対し通常戦力で圧倒的優位であった時代は過ぎ去り、紛争形態にもよるが、日本単独で中国に対抗することは難しい。もとより日本が戦後、軍事大国をアイデンティティにしていたわけではないにせよ、右派も左派も心に余裕があったのは、やはり日本の自衛隊が単独でもアジアでは陸を除けば最精鋭の軍隊だという密かな思いがあったからではないか。それが今や、北朝鮮の核ミサイルの射程内に入り、核戦力は言わずもがな、通常戦力でも中国の海空軍力に圧倒されている。日清戦争以来、初めて日本は軍事力で中国に劣後してしまったのである。

†国家戦略の見直しが求められる

経済力の衰退は、外交力の低下をもたらし、国家戦略の見直しを迫る。経済大国という意味は、単に数字上の順位ではない。経済力のみならずＯＤＡ等を通じて経済力を政治力に変えて、世界に対する政治的影響力を保持している国でもある。そのＯＤＡの予算は一九九七年をピークに年々減少している[13]（一般会計ＯＤＡ当初予算の推移〔政府全体〕）。軽

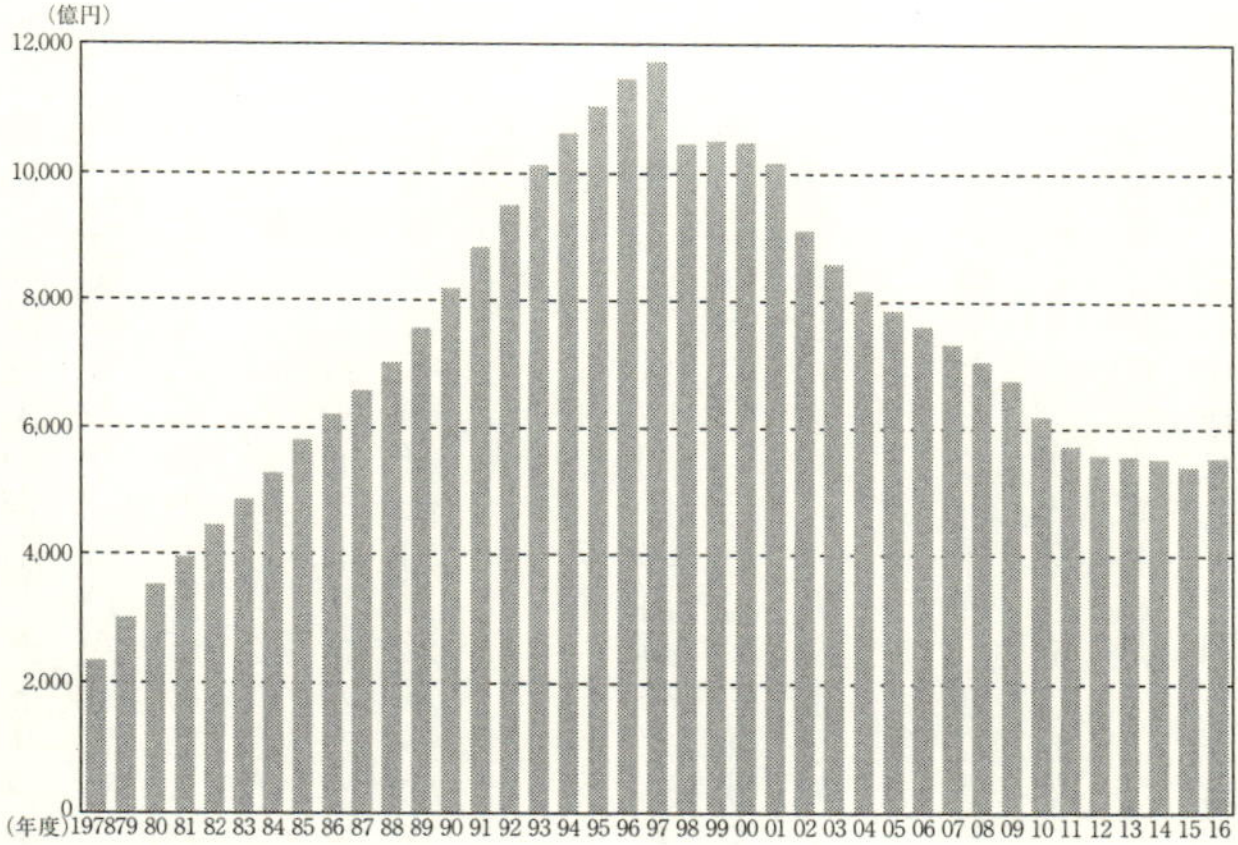

出所）内閣府統計局

図 3　政府全体 ODA 予算（一般会計当初予算）の推移

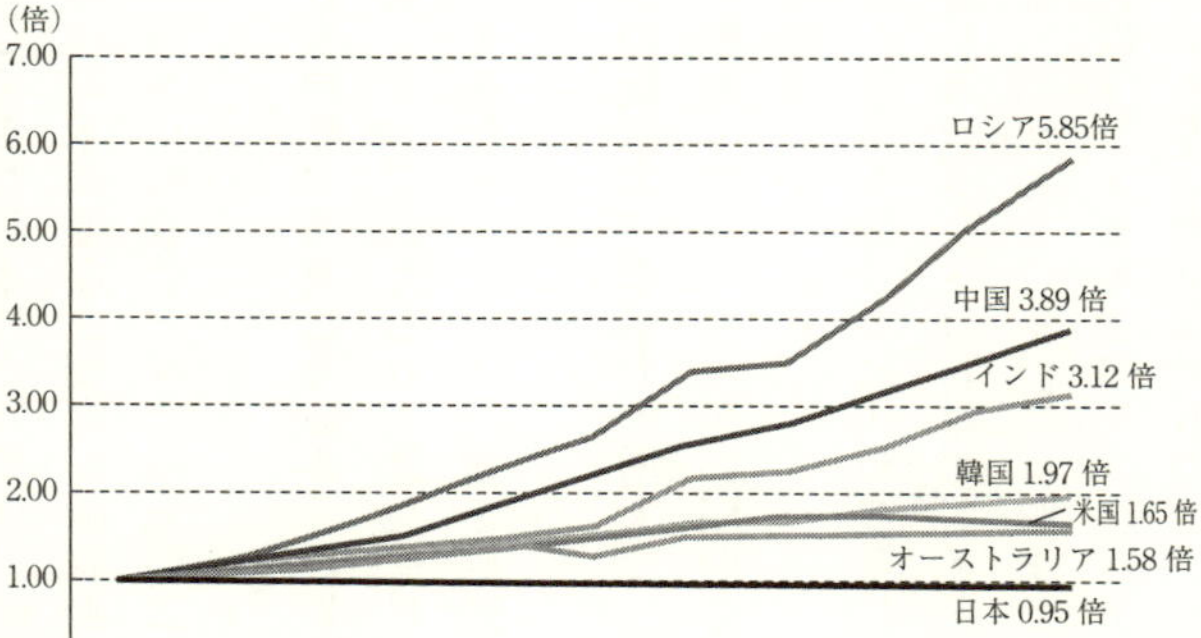

1　各国発表の国防費をもとに作成
2　2003年度を 1 とし、各年の国防費との比率を単純計算した場合の数値（倍）である。（小数点第 2 位以下は四捨五入）。
3　各国の国防費については、その定義・内訳が必ずしも明らかでない場合があり、また、各国の為替レートの変動や物価水準などの諸要素を勘案すると、その比較には自ずと限界がある。

出所）防衛省・自衛隊 HP

図 4　周辺国国防費との比較

武装、経済優先の吉田ドクトリンを国是としてきた日本にとっては、経済力は軍事力の代替、補完でもあり、ODA外交や、とりわけ日米同盟など安全保障戦略の根幹の一つでもあった。その経済力が低下してきたために日本は軽武装・経済優先の吉田ドクトリンの国家戦略の見直しが迫られているのだ。

第一に、吉田ドクトリンの根幹を成す日米同盟の見直しである。日米同盟は専守防衛の自衛隊、日本の経済力と米軍への基地提供によって支えられてきた。日米同盟を維持するための経済力が失われた今、経済力に代えて何をもって日米同盟を維持する力とするのか、あるいは維持できるのか、維持すべきなのかが問われている。

第二に、日中関係の再調整である。中国の経済力、軍事力の増大で、日本は一八九五年の日清戦争以来、GHQの占領期を除き、初めてアジアの大国の座から陥落した。この日中間の地位の逆転に、外交上どのように対処するかである。

第三に、吉田ドクトリンが築き上げてきた経済大国日本に代わる新たなアイデンティティの構築である。世界第二位の経済大国というブランドは日本のアイデンティティでもあった。しかし、世界第三位に転落したこと、しかも二〇年前には眼中にもなかった中国に世界第二位の座を奪われたことで日本国民はプライドやアイデンティティを失うことになった。逆に中国にとっては、国恥の一〇〇年を雪ぐ出来事であった。

失われたアイデンティティの間隙には容易にナショナリズムが入り込み、対立を扇動しかねない。これまで中国に対しては上から目線であった日本人の大国の優越心理と、「多くの中国人にとって、恥辱の一世紀の最大の屈辱は日本――かつての中国の朝貢国であり従属国――に対する敗戦だ」[14]とみなし、一〇〇年の国恥を雪ごうとする中国人の復讐心とどのように折り合いをつけるのか。日本にとって国家戦略として新たなアイデンティティの構築は急務である。

†国際環境の変化

国家戦略の見直しが必要な理由は経済力の衰退だけではない。より根本的には冷戦後の国際環境の劇的な変化がある。冷戦終焉直後の湾岸戦争やユーゴスラビア、ソマリア、ルワンダなど地域紛争の混乱の時代を経て、九〇年代末にはアメリカの一極支配が確立したかに見えた。しかし、二〇〇一年の九・一一同時多発テロをきっかけとする米国の対テロ戦争で、米国の敗北は今や決定的となった。アフガニスタンでは国内のタリバン勢力を依然として平定できない。またイラクでは民主化に失敗し、同国からの完全撤退後にはイスラム国の拡大を招いてしまった。また民主化運動の波及が中東の混乱を煽るばかりで、とりわけイスラム国の台頭に伴うイスラム・テロの拡散に、国際社会は今のところ有効な対抗手段がない。さらに、二〇一四年にロシアがクリミアを事実上武力併合してしまったにもかかわらず、イラクがクエートを武力併合した時の湾岸戦争とは異なり、国際社会はロシアに経済制裁以外の対抗手段を打つことができない。

そして何よりも中国の経済的、軍事的台頭がウエストファリア体制を根底から変えようとしている。ウエストファリア体制とは、三十年戦争の講和のために一六四八年に締結されたウエストファリア条約に基づく国際システムであり、国家主権、国際法、勢力均衡の三原則からなる。中国は南シナ海問題等にみられるようにウエストファリア体制の原則である国際法に挑戦しようとしている。

この安全保障環境の変化に、無原則な日米同盟の強化、軍拡を引き起こしかねない対中抑止の集団防衛、「美しい国、日本」という時代錯誤のアイデンティティで応答しようとしたのが、東洋豪傑君のように大国ぶる安倍ドクトリンである。はたして安倍ドクトリンで日本の平和と安定は護れるのか。

そして安倍ドクトリン以上に問題なのは、護憲派が安倍ドクトリンへの具体的な対案を出せないことである。洋学紳士君のように理想に殉ずる覚悟もないままに、ただ「戦争させない」「九条護れ」「安倍倒せ」などのシュプレヒコールを若者はラップで叫び、年寄りは念仏のように唱えるだけである。

本書では、改憲派、護憲派のあいも変わらぬ憲法論争を乗り越え、南海先生の知恵と深慮にあやかって、安倍ドクトリンに代えて、穏当で真っ当な平和大国ドクトリンを提案したい。

†本書の構成

第一章「安倍ドクトリンとは何か」では、専守防衛と集団防衛を手掛かりに安倍ドクトリンを検証する。その成立の略史をまず概観する。次に安倍ドクトリンの安全保障政策の中核である国家安全保障戦略について概観する。国家安全保障戦略は、専守防衛、非軍事大国化、非核三原則の平和国家としての歩みを堅持すると宣言しているが、はたしてそうなのか。

第二章「日本の抑止力」では、安保法制の論議でもたびたび取り上げられた抑止力とは何かについて概説する。その上で、安保法制で自衛隊による日本の抑止力は強化されたのか、またアメリカの核抑止は日本に有効なのか、日米同盟の強化は米軍の抑止力強化につながるのか、について分析する。

第三章「「大国日本」の幻想」では、大国ぶらなかった吉田ドクトリンとは真逆に、安倍ドクトリンが虎の威を借る狐のように大国でもないのに大国ぶる国家戦略であることの問題について検証する。その問題とは、第一に過剰なまでの大国心理、第二に過剰なまでの対米信頼、第三に過剰なまでの大国心理と過剰なまでの対米信頼との矛盾である。日本の国家戦略に求められているのは虎の威ではなく狐の狡知であり、安倍ドクトリンにはそれが欠けているのではないか。

第四章「自衛権と憲法」では、憲法学ではなく政治学の視点から、近代国家の自衛権の概念の基礎を築いたホッブズの『リヴァイアサン』を引照しながら、これまでの自衛権の解釈や行使の是非について改めて検証し、憲法が抱える自衛権問題について考える。

結論を先取りすれば筆者は、日本国家には自然権としての自衛権はなく、国家に固有の権利としての自衛権はあるものの、憲法九条は固有の権利としての自衛権を否定しているために日本国家に自衛権はなく、自衛権は依然として個人が保有したままとの解釈をとる。

第五章「護憲派の蹉跌」では、なぜ教条護憲派が現実的な安全保障政策を提案できなかったのか、その問題点を剔抉し、いかに穏健護憲派やリベラル改憲派が護憲派の問題を乗り越えようとしてきたか、その軌跡を詳述する。その上で平和大国ドクトリンでは穏健護憲派の立場をとることを明確にする。

第六章「平和大国ドクトリン」では、安倍ドクトリンに抗して、南海先生の教えに倣った穏当で真っ当な平和大国ドクトリンを提案する。平和大国ドクトリンは憲法の理想である九条の平和主義を日本の国家アイデンティティとし、政治の現実においては自衛隊および日米同盟による専守防衛と民間ＰＫＯの九条部隊による国際平和支援活動を基本とする中級国家戦略である。

第一章 安倍ドクトリンとは何か

1 安倍ドクトリンへの布石

†安倍ドクトリンと吉田ドクトリン

安倍ドクトリンといえば、ふつうは二〇一三年一月に公表された対ＡＳＥＡＮ外交五原則を指す。本書でいう安倍ドクトリンは対ＡＳＥＡＮ外交原則ではなく、吉田ドクトリンと同じく、国家戦略のことを指す。吉田ドクトリンとは、敗戦からの経済復興を最優先課題とする吉田茂が、日米同盟を締結したうえで、九条を盾にアメリカからの再軍備の要求をなるべく値切ろうとした経済優先、軽武装の国家戦略である。その防衛戦略は日米同盟を槍とし、国土防衛に徹する自衛隊を盾とする専守防衛である。軍備増強、防衛費増額などアメリカからの要求はあったものの日本は時に九条を対米外交カードとして利用しながら、結果的に冷戦期には一貫して経済優先、軽武装の吉田ドクトリンを維持し専守防衛を堅持することができた。

他方、安倍ドクトリンとは広義には、デフレからの復興を目指す経済政策（いわゆるアベノミクス）、「人づくりは、国づくり」のスローガンの下で進められる教育政策、および国際協調主義に基づく積極的平和主義のスローガンの下、日米同盟を基軸に対中集団防衛体制の構築や集団安全保障によるグローバル・コモンズへの積極的貢献を目指す国家安全保障戦略等、吉田ドクトリンの下で築き上げられてきた「戦後レジームからの脱却」を目指す安倍の経済、教育そして安全保障など一群の政策と定義しておく。広義の文脈で、安倍の国家戦略を安倍ドクトリンと最初に名付けたのは、アメリカの研究者クリストファー・ヒューズ（Christopher Hughes）である。本書では、広義の安倍ドクトリンの柱の一つである安全保障政策を狭義の安倍ドクトリンとして検証する。

吉田ドクトリンは第二次世界大戦の敗戦による経済破綻、安倍ドクトリンは冷戦後のデフレによる経済敗戦から、いずれも経済復興を目指す点で経済政策の方向性は一致している。他方、異なるのは安全保障政策において、前者が武力行使を個別的自衛権だけに限定する消極的、守勢的、内向的、抑制的な専守防衛を志向しているのとは対照的に、後者は集団的自衛権の行使を限定的にではあるが容認する積極的、攻勢的、外向的、促進的な集団防衛を志向していることである。吉田ドクトリンの目的は経済復興を優先するために反共・反ソ日米同盟を締結して米軍に基地を提供する一方、九条を外交カードに防衛費を節約し自衛隊をなるべく軽武装にとどめることにあった。

他方、安倍ドクトリンの目的は集団的自衛権行使の容認によりこれまで以上に対米貢献を深めて日米同盟を強化し、その日米同盟を軸にオーストラリア、フィリピン、インド等との安全保障関係を強化し集団防衛で対中抑止力を高めることにある。対米貢献を深めるという意味で、安倍ドクトリンのスローガンである「積極的平和主義」(Proactive Contribution to Peace)とは「積極的対米貢献主義」(Proactive Contribution to US) に他ならない。

吉田茂(写真提供：毎日新聞社／時事通信フォト)

要するに、吉田ドクトリンの本質が対ソ抑止と二国間主義に基づく排他的日米同盟（基地提供と専守防衛自衛隊）の取引であった一方、安倍ドクトリンの本質は対中抑止と多国間主義に基づく包括的日米同盟（基地提供と集団防衛自衛隊）の取引にある。

なぜ安倍首相は日米同盟強化の積極的、攻勢的な安全保障政策に転じたのか、祖父岸信介の衣鉢を継いで改憲に基づき対米自主独立そして「戦後レジーム」からの脱却を目指すと思われていたのに、なぜ新日米防衛ガイドラインやＴＰＰなど、第三次アーミテージ・レポートの指示に従うような、これまで以上に対米従属的とも見える国家戦略への転換を図ったのか。結局安倍ドクトリンとは何か。

以下で、まず安倍ドクトリンの成立の過程を追い、日米同盟の強化、集団防衛体制の構築そして集団安全保障によるグローバル・コモンズへの積極的貢献等、その特徴を考察する。

安倍ドクトリンの安全保障政策でもっとも重要な点は、日米同盟強化のために集団的自衛権を行使できるようにすることである。そのための王道は憲法改正である。その布石は第一次安倍内閣のときに打たれた。

†教育基本法

二〇〇六年一二月には、教育基本法が改正され、教育の目標を定める第二条の五として「伝統と文化を尊重し、それらをはぐくんできた我が国と郷土を愛するとともに、他国を尊重し、国際社会の平和と発展に寄与する態度を養うこと」との新たな目標が掲げられた。安倍が目指す新たな国家像やアイデンティティ構築に向けた第一歩である。この教育目標は、国家安全保障戦略の冒頭「Ⅱ　国家安全保障の基本理念、一　我が国が掲げる理念」として敷衍されている。安倍ドクトリンが単に安全保障政策に限定されておらず、教育政策と連動していることを表している。

†国民投票法

第一次安倍政権は憲法改正のための第一歩として二〇〇七年五月一四日に国民投票法（「日本国憲法の改正手続きに関する法律」）を成立させ、憲法改正の際に行われる国民投票の手続きを定めた。安倍首相はこの法律で直ちに憲法九条の改正をもくろんだわけではない。まず憲法改正手続きを定めた憲法九六条の改正を行い、後に憲法九条の改正を行おうとしたのだ。憲法九条の改正よりは国民の反発も少ないと思われる憲法九六条をまず改正して、衆参総議員の三分の二以上の賛成、国民投票の過半数の賛成という高いハードルを下げることが目的だった。しかし、九六条の改正以前に安倍政権はついに、二〇一六年七月の参議院選挙で与党の自民、公明と改憲派野党おおさか維新の会等を合わせて改憲発議に必要な三分の二の議席を獲得してしまった。

†第一次安保懇

安倍首相は国民投票法の国会審議に並行して、二〇〇七年四月一七日に「安全保障の法的基盤の再構築に関する懇談会」（第一次安保懇）を設置し、集団的自衛権の行使の可能性について検討を始めた。この懇談会には集団的自衛権の行使容認を主張する北岡伸一元東京大学教授（現JICA理事長）、佐瀬昌盛元防衛大学校教授、岡崎久彦元駐タイ大使、中西寛京都大学教授を含め一三人の改憲派が参加した。

佐瀬は二〇〇一年に『集団的自衛権』（PHP新書）を出版している。これを読んだ岡崎が、同書を教科書に集団的自衛権行使容認に向けて政治家を教育しようと計画、その第一候補に挙げたのが安倍だった。[15] ちなみに佐瀬は一九七三年の成蹊大学の入学試験で安倍の入試面接官を務めていた人物である。

安倍首相自身も祖父岸信介の影響を受けてか、政治家になってから一貫して改憲を主張している。とくに集団的自衛権の政府解釈については、その行使が違憲だというのは、わが国が禁治産者のようなものだと、二〇〇〇年五月の衆議院憲法調査会で批判したことがある。[16] いずれにせよ、集団的自衛権の行使を容認するための法的検討が主として安全保障関係者を中心に開始された。

二〇〇八年六月二四日、安保懇は憲法解釈を変更し集団的自衛権の行使を可能とすべきとの報告書(第一次報告書)を政府に提出した。報告書は、①公海における米艦の防護、②米国に向かうかもしれない弾道ミサイルの迎撃、③国際的な平和活動における武器使用、④同じ国連PKO等に参加している他国の活動に対する後方支援の四類型の安全保障問題について検討した。こうした事態にはこれまでの個別的自衛権では対処できないがゆえに集団的自衛権の行使を容認すべきであり、憲法九条は集団的自衛権の行使や国連の集団安全保障への参加を禁じてはいない、と憲法解釈の変更を提言した。

報告書は安倍首相にではなく、福田首相に提出された。懇談会を立ち上げた安倍首相が、潰瘍性大腸炎を理由に前年の二〇〇七年九月に首相を退陣したからだ。福田政権、麻生政権では二〇〇七年七月の参議院選挙で与党が過半数を失い国会運営に苦慮していたことから、安保懇の提言は顧みられることもなく、報告書はたなざらしにされる結果となった。

第二次安保懇で座長の柳井俊二元駐米大使から報告書を受け取る安倍首相。右端は座長代理の北岡伸一国際大学長（写真提供：時事）

†第二次安保懇

二〇一二年一二月、衆議院選挙で民主党を破り第二次安倍内閣が発足した。直後の二〇一三年二月には安保懇が再開され、集団的自衛権の行使について議論が進められた。構成員は、新たに細谷雄一慶應大学教授が加わっただけで、第一次安保懇とほぼ同じである。

二〇一四年五月、報告書（第二次報告書）が提出され、改めて集団的自衛権の行使を容認するために憲法解釈を変更するよう政府に提言した。安倍内閣は閣議決定による解釈変更をめざし、自由民主党と公明党による「安全保障法制整備に関する与党協議会」を開き、憲法解釈の変更を議論した。そして二〇一四年七月一日に高村正彦自民党副総裁が示した集団的自衛権を含め自衛権発動の新三要件を軸に自民党と公明党が合意し、政府は集団的自衛権の行使を容認する新たな憲法解釈を閣議決定した。こうして、これまで違憲とみなされてきた集団的自衛権が改憲ではなく政府解釈で容認されたのである。

2 安倍ドクトリンの誕生

安倍首相は安倍ドクトリンを実現するにあたって、集団的自衛権の解釈変更以前に第二次政権発足当時から矢継ぎ早に、以下のような必要な法律や政策を改正、立案、決定し、これまでの消極的、守勢的な安全保障政策から積極的、攻勢的な安全保障政策へと転換を図った。

†安倍ドクトリン誕生の軌跡

順を追って見ていこう。

二〇一三年一二月　四日　国家安全保障会議設置法成立（旧安全保障会議設置法を改正）
二〇一三年一二月　六日　特定秘密保護法成立
二〇一三年一二月一七日　「国家安全保障戦略」、「防衛計画の大綱」、「中期防衛力整備計画」国家安全保障会議決定および閣議決定

二〇一四年　四月　一日　防衛装備移転三原則閣議決定
二〇一四年　六月　「防衛生産・技術基盤戦略——防衛力と積極的平和主義を支える基盤の強化に向けて」防衛省策定
二〇一四年　七月　一日　集団的自衛権行使容認閣議決定
二〇一四年一一月　六日　サイバーセキュリティ基本法成立
二〇一五年　一月　九日　新宇宙基本計画閣議決定
二〇一五年　二月一〇日　開発協力大綱閣議決定
二〇一五年　五月一四日　安全保障法制閣議決定
二〇一五年　九月一九日　安保法制成立
二〇一五年一〇月　一日　防衛装備庁発足

こうして列挙してみると、二〇一三年末に国家安全保障会議を設置してから畳みかけるように安全保障関連の政策が決定や改正されていったことに驚かされる。この背景には、安倍の意向を体現する国家安全保障局が十全に機能していることがあるだろう。

国家安全保障会議は会議と事務局の国家安全保障局からなる。会議には内閣総理大臣を議長とし、必要に応じて開催される九大臣会合（順位順に、第一位指定大臣、総務、外務、財務、経済産業、国土交通、防衛、内閣官房長官、国家公安委員会委員長）に加え、新たに会議の司令塔となる四大臣会合（首相、官房長官、外務、防衛）、および首相と官房長官のほかに首相が指名した大臣による緊急大臣会合が今回の法改正で新設された。

国家安全保障局は内閣官房に置かれ、「国家安全保障会議を恒常的にサポート。内閣官房の総合調整権限を用い、国家安全保障に関する外交・防衛政策の基本方針・重要事項に関する企画立案・総合調整に専従」（内閣官房HP）する。

国家安全保障局の初代局長は安倍首相の外交ブレーンの一人で元外務事務次官の谷内正太郎、次長には外務省から兼原信克、防衛省からは高見沢将林の両高級官僚が官邸により抜擢された。ちなみに朝日新聞の取材によれば、兼原、高見沢と内閣法制局長官横畠裕介そして自民党高村正彦副総裁、公明党北側一雄副代表の「五人組」が集団的自衛権の解釈変更を取り仕切ったという。[17]

国家安全保障会議が策定した国家安全保障戦略に沿って、これまでタブーとされてきた領域に安全保障の観点から新たな項目が付け加えられた。宇宙基本計画では、情報収集衛星の機能強化や自衛隊の部隊運用のための宇宙システムの整備等の宇宙の安保利用の拡大およびGPSが故障・破壊された場合の相互補完等日米協力の強化の項目が盛り込まれた。

また防衛計画の大綱とともに日本の外交戦略のもう一つの柱である開発協力（ODA）大

綱では、ＯＤＡの積極的・戦略的活用を反映して、非軍事分野に限り他国軍への支援を可能にした。

†日米同盟の強化

こうした一連の国内の安全保障政策の整備に加え安倍首相は、集団的自衛権行使容認の目的である日米同盟の強化の動きを加速させた。

安倍ドクトリンに関連する日米間の動きには以下がある。

二〇一二年　八月一五日　第三次アーミテージ・レポート
二〇一三年　二月二二日　米シンクタンクＣＳＩＳでの安倍演説「日本は戻ってきました」
二〇一五年　四月二七日　日米防衛協力のための指針（ガイドライン）改定
二〇一五年　四月二八日　日米共同声明「不動の同盟国」
二〇一五年　四月二九日　米上下両院議会演説「希望の同盟へ」

二〇一三年二月の安倍首相の訪米の際のワシントンの有力シンクタンクＣＳＩＳ（戦略国際問題研究所）での安倍演説は、二〇一二年八月に公表された『日米同盟——アジア安定の錨』と題されたいわゆる第三次アーミテージ・レポートへの応答であった。第三章で詳述するが、同レポートは、日本が一流国にとどまるのか二流国に転落するのか、転落したくなければレポートの提言を実行せよといった、高圧的なニュアンスで日本への提言がつづられていた。

当時、安倍首相の訪米は全米どころか地元のニュースにさえならないほど日本の影響力は低下していた。日本の影がすっかり薄くなったことへの反論として安倍首相は、自らが政権に返り咲いたことに重ね合わせて、「日本は戻ってきました」とアメリカにメッセージを送ったのである。とはいえ、ワシントンの関心は、もっぱら中国に向けられていた。

安倍首相が第三次アーミテージ・レポートに沿った政策を実行するなど積極的に対米貢献したからなのか、あるいはアメリカが対中関与から対中抑止へ戦略を転換し日本を対中抑止の要として再評価したからなのか、あるいは安倍首相が回心して「戦後レジームからの脱却」を封印したからなのか、二〇一三年一二月の安倍首相の靖国参拝をめぐって日米間で摩擦が生じたにもかかわらず、その後アメリカにおける安倍首相に対する評価や日本の影響力は多少なりとも回復した。

その結果二〇一五年四月に安倍首相は米議会での演説の機会を与えられるほどに日米関係が回復した。議会演説で安倍首相は、「日本は、世界の平和と安定のため、これまで以上に責任を果たしていく。そう決意しています。そのために必要な法案の成立を、この夏までに、必ず実現します」と、異例にも安保法制の成立をアメリカ議会で公約するほどに、安全保障面での対米関係強化を表明した。議会演説の二日後、一九七八年に初めて策定され一九九七年に改定された「日米防衛協力のための指針」いわゆるガイドラインが二〇一五年四月二七日に一八年ぶりに再改定された。

3 野田政権による地ならし

†ガイドラインの見直し

ガイドラインの見直しは日本側から持ち掛けたといわれる。森本敏防衛大臣の「ペット・アイテム」と日本の関係者が噂するように、民主党野田政権時代に森本が熱心にアメリカに働きかけたといわれる。[18] 森本を含め自民党、民主党の垣根を超えた政・官・学の安全保障コミュニティは、二〇一〇年九月に起きた中国漁船と海上保安庁巡視船の衝突事件に衝撃をうけ、その後二〇一二年九月の野田政権による国有化で激化した尖閣問題への対処、そして軍事力を増強する中国抑止のためのガイドラインの改定を喫緊の課題ととらえていたのである。実際、ガイドラインを先取りするように、この時期日米は尖閣有事を想定した共同作戦の研究案を策定していたことが、二〇一六年一月二四日の朝日新聞のスクープで明らかになっている。この研究案は、現在進められているガイドラインの共同作戦計画の素案になっているという。その意味では、安倍政権の安全保障政策の萌芽は野田政権時代にあったといってよいだろう。

†秘密保護法の検討

ガイドラインだけではない。たとえば秘密保護法は、民主党政権の仙谷由人内閣官房長官が二〇一〇年八月の衆議院予算委員会で「早急に検討したい」と策定に向け意欲を見せていた。また野田政権肝いりの国家戦略会議のフロンティア分科会も、「秘密保全法制」の制定を提言している。

集団的自衛権の解釈変更も、同分科会がすでに提言している。同報告書の安全保障政策は野田首相の意向をにじませる内容であり、安倍政権の積極的平和主義を彷彿とさせる「能動的な平和主義」を提言し、日本版国家安全保障会議の必要性が提案されている。安全保障政策に限って言えば、野田と安倍の間に全く差異はない。同分科会には中西寛京都大学教授、栗栖薫子神戸大学教授といずれも安全保障コミュニティの専門家が参加している。中西は前述の安倍政権の安保懇の委員の一人でもある。

†武器輸出三原則の見直し

武器輸出三原則の見直しは、鳩山政権時代に北沢俊美防衛大臣が主導して検討されたことがある。野田政権は三原則の見直しに前向きで、二〇一一年一二月に藤村修官房長談話で国際共同開発・共同生産への参加と人道目的での装備品供与を解禁することを決定した。防衛装備移転三原則に盛られた内容のほとんどは野田政権時代に見直されていたのである。

さらに遡れば、鳩山政権時代の二〇一〇年八月に、「新たな時代の安全保障と防衛力に関する懇談会」が報告書「新たな時代における日本の安全保障と防衛力の将来構想――「平和創造国家」を目指して」を提出している。その中ですでに集団的自衛権、武器輸出三原則、PKO参加五原則、非核三原則等の見直しを提言している。この懇談会のメンバーは、前述の中西寛京都大学教授、岩間陽子政策研究大学院大学教授のほか、ほぼ全員が防衛省系のシンクタンク㈶平和・安全保障研究所に連なる安全保障コミュニティの研究者であった。基盤的防衛力構想からの脱却や離島・島嶼部への自衛隊部隊の配備等同報告書の提言の一部は、二二大綱（二〇一〇年）に反映された。非核三原則を除き残りの提言は安全保障コミュニティのメンバーを通じて、野田政権のフロンティア分科会報告書に引き継がれ、最終的には安倍政権の国家安全保障戦略へと結実したのである。

このように、安倍ドクトリンの安全保障政策のレールは鳩山政権時代に敷かれ野田政権が引き継いでいた。野田首相は松下政経塾第一期の出身で比較的自民党に近い保守的思想の持ち主である。父親が陸上自衛隊員で、民主党左派のような自衛隊に対する教条的なアレルギーもなく、安全保障コミュニティとは親和性があったのだろう。野田は、元航空自衛官であった森本防衛大臣をはじめ自民党とも通ずる安全保障コミュニティの学者、研究者を政権内外で積極的に活用している。二〇一二年一二月の衆議院選挙で民主党政権が勝利していれば、積極的平和主義に基づく安倍ドクトリンとほぼ同じ国家戦略が「能動的な平和主義」に基づく「野田ドクトリン」として採用されていたかもしれない。

4　安倍ドクトリンの基本文書「国家安全保障戦略」

安倍ドクトリンの基本文書は、二〇一三年一二月一七日に閣議決定された「国家安全保障戦略」である。集団的自衛権ばかりに目が向き、国家安全保障戦略について議論が戦わされることはあまりなかったが、この「国家安全保障戦略」こそ、今後一〇年にわたって日本の国家の行く末を決める重要文書である。安倍首相の祖父にあたる岸信介が一九五七年五月二〇日に閣議決定し、冷戦時代の半世紀以上にわたって文字通り冷凍され変更されなかった「国防の基本方針」に代わるのが、この「国家安全保障戦略」である。

†専守防衛とは何か?

「国家安全保障戦略」で何よりも重要なのは、この戦略が従来の日本の平和国家としての歩みに沿うものなのか、それとも全く違う道を歩もうとしているのかという問題である。より具体的には防衛戦略において専守防衛から集団防衛、集団安全保障に舵を切ったかどうかである。

国家安全保障戦略を概観する前に、専守防衛、集団防衛そして集団安全保障について簡単に触れておきたい。

二〇一〇年度『防衛白書』によれば、「専守防衛とは、相手から武力攻撃を受けたときにはじめて防衛力を行使し、その態様も自衛のための必要最小限にとどめ、また、保持する防衛力も自衛のための必要最小限のものに限るなど、憲法の精神にのっとった受動的な防衛戦略の姿勢をいう」と定義されている。したがって軍事戦略でいう戦略的守勢

Strategic Defense とは異なる。戦略的守勢はあくまでも、軍事戦略上の判断に基づいてとる戦略である。他方、専守防衛は exclusively defense-oriented policy と防衛省が訳しているように、軍事戦略概念というよりもむしろ防衛、外交政策上の概念である。

この点について等雄一郎は「専守防衛は、憲法第九条を根拠としつつ、それに基づく諸政策に従って演繹的に導かれた概念という側面と、その時々の我が国の安全保障環境に適応しようとして実践の積み重ねの中から経験的に総合されてきた政策概念という側面の二面性を有している。専守防衛は、非核三原則や武器輸出三原則などと並んで日本の抑制的な防衛態勢をあらわす概念であるが、必ずしも一貫した体系的な概念とはいえない」[19]、と説明している。つまり一貫した体系的概念でないがゆえに、防衛態勢が抑制的だと判断されれば専守防衛といい続けることができる。後述するが、安倍ドクトリンの防衛戦略は依然として専守防衛を掲げている。

†集団防衛と集団安全保障

次に集団防衛と集団安全保障は、両者を比較すればそれぞれの概念や特徴がわかりやすい。集団防衛は防衛体制の外にある特定の脅威に対処するために二カ国以上の国家によって集団で行う脅威対処型の防衛体制、他方集団安全保障は体制の内にある危機（不特定の脅威）を管理するために数カ国以上の国家によって集団で行う危機管理型の安全保障体制である。集団防衛では構成国の集団的自衛権に基づいて武力が行使される一方、集団安全保障では国連の安全保障理事会の決議に基づき武力が行使される。ただし集団防衛も国連憲章第五一条に従い、あくまでも「安全保障理事会が国際の平和及び安全の維持に必要な措置をとるまでの間」の暫定的措置でしかない。

集団防衛の具体的な例は、米韓同盟、米比同盟のような二国間同盟からオーストラリア、ニュージーランド、アメリカのアンザス同盟のような三国間同盟そしてNATOのような多国間同盟がある。他方、国際的な集団安全保障機構には国連がある。また欧州安全保障協力機構、米州機構やアフリカ連合のような地域集団安全保障機構もあるが、いずれの集団安全保障体制においても武力行使には国連決議が求められる。

ところで日米同盟は厳密な意味では集団防衛とは言えなかった。なぜなら日本は集団的自衛権は持っているが行使できないという政府解釈に従って、法的にはアメリカと一体化して自衛権に基づき武力を行使することができないとされてきたからである。安保条約に基づき日米が武力行使をしたとしても、日本は個別的自衛権、アメリカは集団的自衛権と、武力行使の法的根拠が異なる。そのため、米韓同盟やNATOのように指揮・統合を一元化する司令部を置くことができない。共同作戦を実施したとしても、指揮権を統一せず、日米個別に発動することになる。

とはいえ、国際安全保障環境の変化や兵器の進歩に伴い、現実には自衛隊と米軍との一体化は八〇年代から着実に進み、今や海空自衛隊は米軍と機能面、作戦面で事実上一体化したといってもよい。そして集団的自衛権の行使を限定的とはいえ容認したことで、指揮権の統一問題が浮上している。もっとも二〇一四年六月の安全保障委員会で小野寺五典防衛大臣は、容認された限定的な集団的自衛権の場合でも米軍の指揮下には入らないと明言している。しかし、後述するが自衛隊、米軍の軍同士の運用レベルでは軍事合理性の観点から指揮権の事実上の統一が図られる可能性はある。

このように理想としての専守防衛と、現実としての集団防衛、集団安全保障の乖離をどのように調整するか。今我々が問われているのは、この問題である。専守防衛を掲げているものの安倍ドクトリンは専守防衛の理想を捨て、集団防衛や集団安全保障の現実を選択した。その背景を、以下に見ていくことにする。

†専守防衛の形骸化

「国家安全保障戦略」は、まず我が国の国家安全保障の基本理念をこう規定する。日本を専守防衛の平和国家と自己規定し、そのうえで平和国家としての歩みを引き続き堅持し、国際協調主義に基づく積極的平和主義の立場から、国際社会の平和と安定及び繁栄の確保にこれまで以上に積極的に寄与していく。

この基本理念を素直に読めば、「平和国家としての歩みを引き続き堅持し」、つまり「専守防衛に徹し」ながら、「国際社会の平和と安定及び繁栄の確保にこれまで以上に積極的に寄与していく」（傍線引用者）ことが矛盾するのは明らかであろう。平和国家の証である専守防衛が湾岸戦争を契機に、国連PKOへの参加、特措法によるアフガニスタン、イラクへの派兵など、専守防衛の域を超え、すでに事実上有名無実化しているからである。

専守防衛が形骸化していることは、国家安全保障戦略の「Ⅱ国家安全保障の基本理念」の「二　我が国の国益と国家安全保障の目標」でも明らかである。この項で定義される国益とは、我が国自身の主権・独立の維持、領域の保全、そして我が国国民の生命・身体・財産の安全を確保することである。

その上で、国益を守り、国際協調主義に基づく積極的平和主義の基本理念の下で、以下の三つの国家安全保障の目標が掲げられる。

第一、抑止力の強化および、万一の場合の被害の最小化

第二、日米同盟の強化、域内外のパートナーとの信頼・協力関係の強化

第三、普遍的価値やルールに基づく国際秩序の強化

第一の目標は、専守防衛の範囲内とみなすことはできても、第二、第三の目標は、いかなる意味においても専守防衛の「受動的な防衛戦略の姿勢」であるとは言えない。たとえば第二の目標の「日米同盟の強化」は、冷戦時代のように矛をアメリカ、盾を日本という役割分担を強化するならともかく、現実には日本が米軍の支援という専守防衛とは異なる役回りを強化することを目指している。また「域内外のパートナーとの信頼・協力関係の強化」に至っては、事実上の集団防衛体制の構築を目指している。

第三の目標は、普遍的価値やルールに基づく国際秩序の強化は、日本が専守防衛の平和国家に徹することが「平和で安定し、繁栄する国際社会を構築すること」につながるというこれまでの論理を逆転させている。

事実、初めての防衛計画の大綱いわゆる五一大綱（一九七六年）では、日本が侵略を防止し、万が一の場合には排除する態勢を堅持することこそが、わが国周辺の国際政治の安定の維持に貢献することとともなっていると明記している。この論理は、五一大綱の基盤的防衛力構想を引き継いだ〇七大綱（一九九五年）までは堅持されていた。

なぜ専守防衛が形骸化したのか。その背景には現在の安全保障環境が、専守防衛が政策として確立した一九七〇年代の安全保障環境とは全く異なるからである。上述の等雄一郎が「その時々の我が国の安全保障環境に適応しようとして実践の積み重ねの中から経験的に総合されてきた政策概念」と指摘したように、安全保障環境の変化とともに、専守防衛の概念は変化したのである。

†安全保障環境の認識変化

安倍ドクトリンの安全保障認識は、国家安全保障戦略「Ⅲ　我が国を取り巻く安全保障環境と国家安全保障上の課題」で明らかにされる。この章では、「一　グローバルな安全保障環境と課題」、「二　アジア太平洋地域における安全保障環境と課題」と、グローバルとアジア太平洋地域の二つに分けて、それぞれの安全保障環境と課題が考察される。後者についての安全保障認識が専守防衛の形骸化を招く要因となっている。

まず「(一)アジア太平洋地域の戦略環境の特性」では、次のように主としてパワーバランスの視点から同地域の安全保障環境が分析される。

「グローバルなパワーバランスの変化がアジア太平洋地域の重要性を高め、安全保障面における協力の機会と同時に問題・緊張も生み出している。

とくに北東アジア地域では、大規模な軍事力を有する国家等が集中する一方、安全保障面の地域協力枠組みは十分に制度化されず、域内各国の政治・経済・社会体制の違いは依然として大きく、このために各国の安全保障観が多様である。このため重大な事態につながりかねないグレーゾーン事態が生じやすい。一方、アジア太平洋地域においては、域内諸国の二国間交流と協力の機会の増加がみられる」

この分析を踏まえて、以下のように北朝鮮と中国がわが国の安全保障の課題として取り上げられる。

(一) 北朝鮮の軍事力の増強と挑発行為
(二) 中国の急速な台頭とさまざまな領域への積極的進出

この二つの課題はいずれも、専守防衛の想定外の事態である。

そもそも専守防衛という概念が防衛政策として登場したのは、一九五五年七月第二二回国会衆議院外務委員会での杉原荒太防衛庁長官の答弁であった。集団防衛の関係にある国の支援があるまでの期間、日本が独自に国を守るという意味で専守防衛がつかわれていた[20]。したがって上述したように、専守防衛はあくまでも国家安全保障戦略の概念であり、敵の攻撃に反撃する態勢を意味する戦略的守勢の軍事概念とは異なる。

その後、一九七〇年代中曽根康弘防衛庁長官が専守防衛を防衛の基本方針に位置づけ、さらに日中国交回復時には日本の軍事大国化を懸念する中国に配慮して、田中角栄首相も改めて専守防衛を確認した。その後一九八一年の防衛白書以降前述の専守防衛の定義が踏襲され、我が国防衛の宣言政策となった[21]。このように専守防衛の国家安全保障戦略は、専守防衛しか現実的な防衛手段がなかった一九五五年に始まり、中国に配慮した一九七〇年代そして基盤的防衛力構想が策定された一九七〇年代後半に至って日本の宣言政策として確立した。当時の専守防衛はあくまでも自衛の範囲内であった。そして、上記のような新たな安全保障環境に直面し事実上形骸化しているにもかかわらず、専守防衛は安倍政権の「国家安全保障戦略」まで一貫して日本の安全保障戦略の基本方針として建前上堅持されているのである。

†集団防衛に向けた戦略的アプローチ

上記の基本理念、安全保障認識に基づいて、安倍ドクトリンが具体的にどのような国家安全保障戦略をとろうとしているのか。それを列挙しているのが、「Ⅳ　我が国がとるべき国家安全保障上の戦略的アプローチ」である。そこには自衛の範囲を超えてもはや専守防衛とは言えないアプローチが列挙されている。

たとえば「二　日米同盟の強化」である。日米同盟はわが国の国家安全保障の基軸であると同時に、米国にとっても、韓国、オーストラリア、タイ、フィリピン等地域諸国との同盟のネットワークの中核、アジア太平洋戦略の基盤であり、また日米の緊密な同盟関係は、普遍的価値や戦略的利益を共有していること、我が国が米国のアジア太平洋地域への関与を支える戦略的に重要な地理的位置にあること等に支えられている、と記している。

直接的に、日本が「韓国、オーストラリア、タイ、フィリピン等地域諸国との同盟」を結ぶというのではないが、日米同盟を介してこれらの国々と同盟のネットワークを間接的に構築し、事実上の準同盟関係を形成したに等しい。このことは、日米同盟の役割が、本来の二国間に限定された排他的二国間同盟から、日米同盟を中軸に他国を排除しない包括的二国間同盟へ、つまり事実上の集団防衛の役割を果たしていることを表している。

続いて「三 国際社会の平和と安定のためのパートナーとの外交・安全保障協力の強化」では、日米同盟強化に重要な役割を果たすアジア太平洋地域内外のパートナーすなわち韓国、オーストラリア、ASEAN諸国及びインドといった我が国と普遍的価値と戦略的利益を共有する国との信頼・協力関係の強化、および中国との安定的な関係、北朝鮮の非核化に向けた関係国との連携、ロシアとの協力が記される。さらにAPEC、EAS、ASEAN+3、ARF、拡大ASEAN国防相会議(ADMMプラス)、環太平洋パートナーシップ(TPP)地域協力の枠組みに寄与し、アジア太平洋地域諸国さらには域外諸国との多国間協力関係の強化が盛り込まれている。

こうして多国間、多層的な安全保障ネットワークの構築は一見かつてのCSCE(Conference on Security and Cooperation in Europe 欧州安全保障協力会議)のような協調的安全保障体制を目指しているかのようである。しかし、CSCEが東西のイデオロギーの違いを乗り越えた集団安全保障体制であったのとは異なり、国家安全保障戦略が目指す安全保障体制は、「我が国と普遍的価値と戦略的利益を共有する国との信頼・協力関係の強化」とあるように、「我が国と普遍的価値と戦略的利益を共有」しない中国を排除する集団防衛体制の様相を呈している。

安倍ドクトリンの最大の問題は、虎の威を借る狐のように、大国でもないのに大国ぶることにある。大国ぶらなかった吉田ドクトリンとは真逆な国家戦略である。大国ぶる安倍ドクトリンには、以下の三つの問題がある。

第一は、過剰なまでの対米信頼。集団的自衛権の行使を容認してまで日米同盟を強化することが日本の安全保障にとって何よりも重要との思い込みである。思い込みは時に悲喜劇をもたらす。戦後、終戦連絡中央事務局総務部長として戦後処理に辣腕を振るい、日米安保条約改定を挟んで一九五七年から六年もの間駐米大使を務めた朝海《あさかい》浩一郎が最も懸念していたのは、日本の頭越しにある日突然米中が協調する事態であった。それは外務省で「朝海の悪夢」と呼ばれていたが、一九七一年七月のニクソン・ショックで正夢となった。ニクソン大統領が日本の頭越しに、日米の仮想敵国であったはずの共産中国と国交正常化を約束したのである。中国を仮想敵国とみなす安倍ドクトリンに、その「朝海の悪夢」が再び起こらないとも限らない。

安倍ドクトリンの前提は、ニクソン・ショック以前の対米関係同様に、自由民主主義の普遍的価値を共有すると安倍首相が信ずるアメリカへの揺るぎない信頼である。しかし、アメリカが日本の信頼に応えてくれるかどうかはわからない。格言にある通り、国家に真の友人はいない。国家は信頼ではなく国益に基づいて行動する。いつまた「朝海の悪夢」が起きないとも限らない。その備えが安倍ドクトリンにはあるのだろうか。

第二は、過剰なまでの大国心理。安倍ドクトリンは、日本がアジアでも中級国家に転落したことにあまりに無自覚ではないのか。否、自覚したからこそ、大国心理を鼓舞しているのかもしれない。大国とは、世界秩序を形成する能力のある国、中級国家はその世界秩序を維持する能力のある国、そして小国とはその世界秩序に従属するしかない国と定義するなら、現在の日本は中級国家でしかない。確かに戦前は国際連盟の理事国として世界の秩序を形成する大国であった。また戦後も中国が台頭する二〇一〇年頃まで日本は国際経済秩序を形成する経済大国であり、国民は無自覚であったがアジアの軍事大国でもあり、アジアの秩序形成の一端を担っていた。しかし、今や国際社会においてもアジアにおいても、秩序維持能力はあっても秩序形成能力はなく、中国の後塵を拝する中級国家でしかない。

第三は、過剰なまでの大国心理と過剰なまでの対米信頼との矛盾である。安倍首相の過剰なまでの大国心理を支えているのは、自由民主主義の普遍的価値を共有しているとの過剰なまでの対米信頼に基づく日米同盟である。その一方で安倍首相は戦前の自主独立の大国日本の復活を夢見るように、「美しい国、日本」の国家像や新教育基本法改正、靖国神社参拝そして憲法改正等に見られる「戦後レジームからの脱却」を目指している。日米同盟の強化は自由民主主義に基づく対米従属の戦後レジームをますます強める。その一方で安倍首相の歴史観いわゆる歴史修正主義は戦後レジームを否定する。この戦後レジームの強化と否定という矛盾が、安倍自身に精神的表裏性をもたらし、安倍ドクトリンにアンビバレントな性格を与え、日本の国家アイデンティティに混乱をもたらし、それはかりかアメリカや中国、韓国等国際社会に安倍政権への不信感を募らせる結果となっている。

過剰なまでの大国心理は、中国、韓国など近隣諸国との対立を煽りかねない。また過剰なまでの対米信頼は、逆にアメリカ側に日本の紛争に巻き込まれるのではないかとの恐れを抱かせる。その結果安倍ドクトリンが追求する対中抑止力が損なわれかねない。さらに過剰なまでの大国心理と過剰なまでの対米信頼との矛盾は日本のアイデンティティの混乱を招き、親米、親中、自主独立あるいは後述する大国主義、小国主義など対外政策をめぐって国内世論を分裂させるばかりである。

虎と狐の間には真の友情などない。狐はどんなに化けても虎にはなれない。であれば、狐には狐の賢明な生き方があるはずだ。日本の国家戦略に求められているのは狐の狡知である。安倍ドクトリンにはそれが欠けているのではないか。

1 抑止力とは何か

第一の過剰なまでの対米配慮の背景には、積極的対米貢献による日米同盟強化で対中、対北朝鮮の抑止力が増し、日本の安全が高まるという期待があるからである。はたして国家安全保障戦略が記述しているように、「我が国は、我が国自身の防衛力の強化を通じた抑止力の向上はもとより、米国による拡大抑止の提供を含む日米同盟の抑止力により、自国の安全を確保している」（傍線引用者）のだろうか。以下では日本の安全を確保するための日本の抑止力および日米同盟の抑止力について検討する。

†脅威＝能力×意図

その前に、抑止力について簡単に触れておく。抑止力は専守防衛とともに日本の安全保障の中核的概念である。にもかかわらず、安保法制の議論の中で抑止力について議論されることはあまりなかった。

一般に脅威は、

脅威＝能力×意図

として表すことができる。

抑止力とは、相手に脅威を与え攻撃を躊躇させる威嚇力である。式から明らかなように、抑止力を高めるには、相手よりも能力を高めること、および／あるいは、相手の意図を無くすことである。

能力で彼我の差が大きくなればなるほど相手に与える脅威は大きくなり、劣勢に立った側は敗北の確率は高くなると判断し、優勢側への攻撃を抑える蓋然性は高くなる。ただし、勝利への意図がある限り劣勢側は能力を高める努力を続ける可能性が高い。その結果、冷戦時代の米ソのように双方が抑止力を求めて軍拡競争に走る恐れがある。抑止力による安全を求めたにもかかわらず、軍拡競争の結果いつまでも満足のいく抑止力が得られず安全が保障されない、いわゆる安全保障のジレンマに陥る可能性がある。

他方能力に差はあっても、そもそも意図がなければ脅威はない。友好関係にある日米には圧倒的な軍事能力の差はあるが、相互に攻撃する意図はない。平和主義者が主張するように、友好関係が締結できれば意図は無となり脅威はなくなる。その意味で友好こそ究極の抑止力である。しかし、国益が対立する国際社会ですべての国と友好関係を結ぶことはほぼ不可能である。しかも、友好関係が一夜にして敵対関係に変わることは歴史が証明する通りである。ましてやタリバン、アルカイダやIS（イスラム国）のような揺るぎない宗教的信念をもった組織や国家との友好関係など、彼らに屈服する以外、ありえない。

結局、能力は一朝一夕には増強できないが、意図は瞬時に変わる。だから能力の維持、増強を怠るべきではない、というのが軍事力の保有や抑止力を正当化する論拠となっている。

†抑止力の源泉

抑止力の源泉には、軍事力やそれを支える経済力などの能力に関わるハードパワー、および文化、宗教、民族主義、政治体制など価値観に基づく意図に関わるソフトパワーがある。

ハードパワーが大きければ大きいほど、一般的に他国の攻撃を抑止する力は高まるとみなされている。軍事力こそが戦争を防ぐという論理である。だからと言って、上述のように軍事力を強化しても安全保障のジレンマに陥って、必ずしも抑止力の強化につながらないこともある。また軍事力の強化がそれを支える経済力を疲弊させ、ソ連のように軍拡の重圧で国家が瓦解する場合もある。また抑止力の前提は、彼我のハードパワーを双方が合理的に判断することにある。かつて日本は希望的判断から圧倒的なハードパワーの差がありながら米国に太平洋戦争を仕掛けた。イラクのフセイン政権もまた米国を見くびり湾岸戦争で日本と同じ轍を踏んだ。ハードパワーが常に抑止力になるとは限らない。

他方ソフトパワーも、ハードパワーほどではないにしろ、大きければ大きいほど、一般的に他国への抑止力は高まるとみなされている。ただし兵器の数量やGNPなど数字に置き換えて比較的客観的に判断できるハードパワーと異なり、意図に関わるソフトパワーの大小は数字に置き換えることができず、主観的に判断するしかない。そのため、ハードパワー以上に、ソフトパワーによる抑止力の有効性を実証することも反証することも難しい。とはいえ、熱烈な民族主義、狂信的な宗教心、勇猛果敢な戦争の歴史などは兵士の士気や国民の戦意を高め、相手に攻撃を躊躇させる抑止力となる。また自由、平等、人権、平和、宗教などの普遍的な価値を尊重する国は、人間社会同様に国際社会において他国から尊敬される。そのような国家は、ハードパワーの抑止力同様に、外交においてソフトパワーを抑止力の切り札として発揮できる。

†抑止の種類

抑止の種類は、その手段や目的によって、種々さまざまである。攻撃をすれば報復するとの威嚇で抑止する懲罰的抑止、逆に攻撃をしなければ報償を与えるとの約束で抑止する報償的抑止、攻撃しても無駄だと思わせるほどの防御をすることで相手の攻撃意図を抑止する拒否的抑止などがある。

懲罰的抑止の典型が、冷戦時代の米ソの大量報復戦略に基づく核抑止である。万が一攻撃されたら、一〇倍返し、一〇〇倍返しで大量報復するという威嚇によって相手の攻撃を思いとどまらせるのである。また核兵器の質、量で米ロに劣る中国や北朝鮮が採っている抑止戦略が、相手の重要拠点だけを攻撃する能力で抑止する最小限抑止である。さらに日本のようにアメリカに核の傘を差しかけてもらう拡大抑止もある。

報償的抑止の典型として、日米韓の三カ国が軽水炉建設支援を報償に、北朝鮮の核開発の放棄を迫った事例を挙げることができる。結果的には、抑止には失敗し、北朝鮮は核兵器を完成させた。

拒否的抑止の典型は、スイスの市民防衛である。武装中立を国是とするスイスは、いざというときには国民全員が銃をとり、敵の侵略を武力で阻止する拒否的抑止の防衛態勢をとっている。日本の専守防衛も基本的には拒否的抑止である。

この他にも、最近では陸、海、空、宇宙、サイバー空間の種々の戦闘領域や国家間戦争からゲリラ、テロ等さまざまな紛争を総合的に抑止するために、戦闘領域や紛争形態に即した抑止を組み合わせたテーラーメード抑止や、植木千可子早稲田大学教授が提案する軍事力の抑止と相互依存を組み合わせた「リベラル抑止」(『平和のための戦争論』)、さらに、第四章で後述するが、本書が提案する文化抑止などがある。

はたして抑止は効果があるのか。能力に働きかけるハードパワーに抑止力がある、否むしろ意図に働きかけるソフトパワーこそ抑止力がある、いやハードもソフトも相まってこそ抑止力があるなど、これらいわゆる現実主義者、平和主義者、リベラル派のいずれの主張も、厳密には実証も反証も不可能である。抑止の対象国の指導者や国民がパワーを抑止力として認識したかどうかはわからないからである。抑止効果がある、あるいは、ないと我々が判断するのは、暴力には脅え、気心が通じれば争うこともないといった個々人の日常体験の類推に過ぎない場合が多い。

では抑止が破れたら、どうするのか。敵の攻撃に対処するしかない。それが対処力である。

†対処力

本来、抑止力と対処力を概念上区別することはできない。抑止力なき対処力はあっても、対処力なき抑止力はない。対処力があってこその抑止力である。

にもかかわらず、日本の防衛戦略で抑止力と対処力を区別しているのは、憲法の問題があるからである。憲法上、日本は相手国への報復ができないために日本は懲罰的抑止をとることができず、相手の「限定的かつ小規模な侵略」を拒否する能力に基づく拒否的抑止しかとれない。この拒否能力こそ抑止力であると同時に抑止が破綻した場合の対処力として位置付けられたのである。そして、「限定的かつ小規模な侵略」以上の攻撃に対して不足する対処能力を米軍に求めたのである。その意味で対処力は、日本独自の軍事用語である。

2 抑止論から見た安倍ドクトリン

国家安全保障戦略でいう「抑止力の向上」のための「我が国自身の防衛力」とは、二五大綱（二〇一三年）で示された統合機動防衛力である。はたして、統合機動防衛力は、抑止力の向上に役立つのか。

戦後日本の防衛力は、五一大綱（一九七六年）の基盤的防衛力の構築、〇七大綱（一九九五年）、一六大綱（二〇〇四年）の基盤的防衛力から動的防衛力への移行、二二大綱（二〇一〇年）の動的防衛力そして二五大綱の統合機動防衛力構想へと変遷してきた。この変遷の背景にある国際情勢認識や防衛力構想について、防衛省「新たな防衛計画の大綱・中期防衛力整備計画――「統合機動防衛力」の構築に向けて」にまとめられた各大綱のまとめを参考に振り返っておく。

†抑止力から対処力へ

一・五一大綱（昭和五一年）

背景

○東西冷戦は継続するが緊張緩和の国際情勢
○我が国周辺は米中ソの均衡が成立
○国民に対し防衛力の目標を示す必要性

防衛力構想

・「基盤的防衛力構想」
・我が国に対する軍事的脅威に直接対抗するよりも、自らが力の空白となって我が国周辺地域における不安定要因とならないよう、独立国としての必要最小限の基盤的な防衛力を保有

二・〇七大綱（平成七年）

背景

○東西冷戦の終結
○不透明・不確実な要素がある国際情勢
○国際貢献等への国民の期待の高まり

防衛力構想

・「基盤的防衛力構想」を基本的に踏襲

・防衛力の役割として「我が国の防衛」に加え、「大規模災害等各種の事態への対応」及び「より安定した安全保障環境の構築への貢献」を追加

三・一六大綱（平成一六年）

背景

○国際テロや弾道ミサイル等の新たな脅威
○世界の平和が日本の平和に直結する状況
○抑止重視から対処重視に転換する必要性

防衛力構想

・「基盤的防衛力構想」の有効な部分は継承
・新たな脅威や多様な事態に実効的に対応するとともに、国際平和協力活動に主体的かつ積極的に取り組み得るものとすべく、多機能で弾力的な実効性のあるもの

四・二二大綱（平成二二年）

背景

○グローバルなパワーバランスの変化
○複雑さを増す我が国周辺の軍事情勢
○国際社会における軍事力の役割の多様化

防衛力構想

・「動的防衛力」の構築（「基盤的防衛力構想」にはよらず）

・各種事態に対して実効的な抑止・対処を可能とし、アジア太平洋地域の安保環境の安定化・グローバルな安保環境の改善のための活動を能動的に行い得る防衛力

五・二五大綱（平成二五年）

背景

○我が国を取り巻く安全保障環境が一層厳しさを増大

○米国のアジア太平洋地域へのリバランス

○東日本大震災での自衛隊の活動における教訓

防衛力構想

・「統合機動防衛力」の構築

・厳しさを増す安全保障環境に即応し、海上優勢・航空優勢の確保など事態にシームレスかつ状況に臨機に対応して機動的に行い得るよう、統合運用の考え方をより徹底した防衛力

このように日本の防衛力は冷戦時代から冷戦後の国際情勢の変化に応じて、基盤的防衛

力から動的防衛力、統合機動防衛力へと変遷していることがわかる。問題は、これらの「我が国自身の防衛力の強化」が「抑止力の向上」につながっているかどうかである。

五一大綱で示された基盤的防衛力は、「我が国に対する軍事的脅威に直接対抗するよりも、自らが力の空白となって我が国周辺地域における不安定要因とならないよう」とあるように、アジア地域の勢力均衡を維持するための軍事力であり、存在することに意味のある抑止力であった。基盤的防衛力で十分だったのは、ソ連の核戦略には米軍の核の傘に依存し、日本は米軍の来援があるまでソ連軍の着上陸を阻む対処力があれば十分だったからである。日本は、アメリカの核の傘と自衛隊の着上陸拒否の対処力と合わせて拒否的抑止力を形成していたのである。それに加えて、忘れられがちだが、七〇年代当時日本はアジア諸国では最強の海上、航空戦力を保有する軍事大国でもあり、圧倒的に優勢だった自衛隊の海空戦力が在日米軍とともにアジアにおける勢力均衡を担保していたのである。

さらに安全保障環境もアジアでは米中ソの勢力均衡が比較的安定し三国間の核全面戦争や第二次朝鮮戦争、台湾危機が起きる蓋然性は低く、しかも尖閣問題のような日本を紛争当事国とする地域紛争が起こる蓋然性も低かった。日本は冷戦下の平和と安定を享受できたからこそ、ソ連の着上陸を拒否し、存在することで抑止力として機能する基盤的防衛力で十分だったのである。

しかし、基盤的防衛力の前提であった冷戦が終結すると、脅威の変化、多様化とともに防衛力の役割が存在による抑止から、対処による抑止や対処そのものへと変化し始めた。〇七大綱で「大規模災害等各種の事態への対応」及び「より安定した安全保障環境の構築への貢献」が盛り込まれたことは、防衛力の役割に、非伝統的安全保障概念における広義の意味での対処力が求められるようになった証左である。

一六大綱では、北朝鮮のミサイル開発や台湾危機そして対テロ戦争を背景に、「新たな脅威や多様な事態に実効的に対応する」との文言が盛り込まれ、防衛力の軸足が存在による抑止から対処による抑止へと移った。

そして二二大綱では北朝鮮の核開発や中国の軍拡などの脅威の増大を背景に、ついに存在による抑止力としての基盤的防衛力を放棄し、対処力に重点を置いた動的防衛力へとかじを切ったのである。二五大綱は、二二大綱をさらに深化させて、統合機動防衛力構想で対処力の強化を図っている。今や、日本の防衛力は、存在による抑止よりもむしろ対処による抑止としての役割が重視されているのである。事実、もはや日本は冷戦時代のようなアジアにおける軍事大国ではなく、今では中国の軍事力は数量では自衛隊を凌駕し、北朝鮮の核ミサイルも含め、基盤的防衛力のような存在による抑止力は機能しなくなった。

†統合機動防衛力

統合機動防衛力は、日本とは直接無関係な主要大国間の高強度紛争（大規模紛争）ではなく、日本に対する直接的な脅威となる尖閣問題や台湾危機、朝鮮半島有事などの中強度紛争（地域紛争）や領海侵犯や国際テロなどの低強度紛争（グレーゾーン事態）に切れ目なく対応しようとする防衛力構想である。このため、二五大綱は「想定される各種事態への対応について、自衛隊全体の機能・能力に着目した統合運用の観点からの能力評価を実施し、総合的な観点からとくに重視すべき機能・能力を導き出すことにより、限られた資源を重点的かつ柔軟に配分していく必要がある」（傍線引用者）としている。

もっぱら高強度紛争の米ソ冷戦の下で、高強度紛争の一環としてのソ連の着上陸作戦にのみ対処する基盤的防衛力とは異なり、統合機動防衛力が対処しなければならない紛争は、武力行使の主体も強度も形態も千差万別であり、そのための戦略、戦術も多様にならざるを得ない。

†低強度紛争への対処は困難

まず日本に対する低強度紛争には、いわゆるグレーゾーン事態、北朝鮮特殊部隊によるテロ・ゲリラそしてIS、アルカイダ等の国際テロが想定されている。

グレーゾーン事態として想定されているのは、①武装集団による離島への不法上陸、②日本領海で国際法上の無害通航に該当しない外国軍艦の航行、③公海上での日本の民間船舶に対する侵害行為である。

とくに、問題となるのが、①武装集団による離島への不法上陸である。このグレーゾーン事態は、第一義的には警察や海上保安庁が対処すべき治安維持活動である。しかし、警察や海上保安庁だけでは対処できない場合には、自衛隊法に基づき治安出動もしくは海上警備行動で対処することになる。いずれの対処であれ、現行法では閣議決定が必要となる。ただ閣議決定の間に不法上陸や不法占拠が既成事実化し、事態が急速に悪化することも想定される。そこで政府は閣議決定の迅速化のために電話による決定方式を採用した。また国家安全保障会議の審議も電話で可能とした。

電話による閣議決定は閣議そのものの形骸化をもたらし、首相や外務、防衛を中心とする国家安全保障会議の権限強化につながるのではないか、あるいはグレーゾーン事態に自衛隊を出動させること自体、事態の悪化や武力衝突を招く恐れがあるとの懸念もある。

こうした懸念よりも深刻なのは、「限られた資源」と二五大綱が指摘するように、そもそも警察、海上保安庁そして自衛隊を含めグレーゾーン事態への対処能力が決定的に不足

東シナ海で訓練中に対空ミサイルを発射する中国海軍（2016年８月１日、写真提供：Photoshot／時事通信フォト）

しているという事実である。たとえば、二〇一四年一〇月、小笠原諸島周辺の日本の排他的経済水域に二〇〇隻以上もの中国漁船が大挙して押し寄せサンゴの密漁を行った。ところが海上保安庁は、巡視船の数が足りず、十分な取り締まりができなかった。この間に、もし尖閣諸島で多数の中国漁船が領海を侵犯し、島に不法上陸しても海上保安庁は対応できなかったろう。だからといって、海上保安庁の巡視船や人員を増やそうにも、何よりも予算の限界がある。状況は海上自衛隊も同じである。

能力不足に加え、運用面で問題もある。武装集団による不法上陸は法的には犯罪であるが、使用する武器によっては実質的には武力行使となり、テロのように犯罪でもなければ戦争でもないいわゆる低強度紛争となる。こうした犯罪とも戦争とも判断がつかないグレーゾーン事態は、対処する側に運用面でのグレーゾーン事態を引き起こす。たとえば、どの時点で治安出動や海上警備行動を決定し、警察や海上保安庁に代えて自衛隊を出動させるのか。治安維持活動であるがゆえに武器使用は比例の原則に従わなければならないが、自衛隊にはどのような武器の使用が許されるのか。法的には一貫して犯罪として対処することになるが、実際には武力行使と変わらない状態になり、日本の対応次第では武装集団の所属する国家が自衛権を発動しないとも限らない。

またグレーゾーン事態は能力、組織面でのグレーゾーン事態を引き起こす。警察や海上保安庁の特殊部隊の装備、編制を増強していけば、自衛隊の特殊部隊と能力において差はなくなる。他方、自衛隊の特殊部隊の能力を高めていけば、逆に治安警察軍化していく。海上保安庁の巡視船の装備を強化していけば、自衛艦との能力差は埋まり、海上保安庁の軍隊化が起こる。要するにグレーゾーン事態はそれに対応する能力や組織のグレーゾーン化を招き、指揮・統制や予算の配分等をめぐって組織間の対立がおきかねない。

我が国に対する低強度紛争には、グレーゾーン事態に加えて、従来から懸念されている北朝鮮特殊部隊によるいわゆるゲリラ・コマンド攻撃やアルカイダ、ＩＳ等の国際テロが考えられる。二五大綱では、「ゲリラ・特殊部隊による攻撃が発生した場合には、原子力発電所等の重要施設の防護並びに侵入した部隊の捜索及び撃破を行う」とある。これらの低強度紛争は基本的には警察の対処事項であり、自衛隊と警察の協力関係がカギとなる治安維持活動であり、統合機動防衛力が果たす役割とは異なる。

†中強度紛争にも対処不能

二五大綱で計画されている統合機動防衛力は結局のところ、低強度紛争については十分な対処力がないがゆえに抑止力として機能しない。では中強度紛争についてはどうであろうか。

二五大綱が想定している中強度紛争は、尖閣問題で対立する中国との武力衝突である。はたして統合機動防衛力が中国への対処力や抑止力となるのか。結論を言えば低強度紛争同様、日本単独で対処することは不可能であり、したがって抑止することも難しい。日中間の武力衝突については、巷間さまざまな議論が展開されている。議論は結局、中国軍の量対自衛隊の質の争いに還元される。依然として中国軍の装備や運用の質は自衛隊よりも劣っていると見る見方もあれば、仮にそうであったとしても、量で自衛隊を圧倒しており、中国軍の飽和攻撃で自衛隊は負けるとの見方も根強い。こうした勝敗の帰趨について意見が割れること自体、そして中国が勝利するかもしれないという想定自体、すでに自衛隊の対処力が抑止力として機能していないことの表れである。

†抑止力として機能しない自衛隊

二二大綱の「動的抑止力」概念が導入された時から、実は日本の対処力は抑止力としての機能を失っていた。なぜなら動的抑止力は、「装備の運用水準を高め、その活動量を増大させることによって、より大きな能力を発揮する」ことで抑止力を高めようという「防衛力の運用に着眼した」抑止概念だからである。要するに艦艇、航空機等の活動の回数や活動地域を増やすことで、装備の量の不足を補おうというのである。「防衛力の運用」の高度化つまり軍隊の練度が抑止力になるのは、彼我の軍事力が量において拮抗している場合だけである。軍事力の量が異なれば戦略、戦術の質も、たとえば多い側は戦略的攻勢や飽和攻撃、少ない側は戦略的守勢や精密攻撃などと異なり、質を比較することは難しくなる。また前述したように抑止力の判断は通常、能力面では装備や兵員の量的、客観的な概念に基づいており、戦略、戦術といった質的、主観的な概念に依拠することはあまりない。その意味で「防衛力の運用」に着目した動的抑止力、そしてそれを継承した統合機動防衛力は抑止力としては機能しない。

抑止力として機能しないからといって、対処力としても機能しないわけではないとの意見もあろう。しかし、抑止力には、万が一の時には攻撃に対処できる対処力が必ず必要である。対処ができるがゆえに抑止が機能するのである。しかし、抑止力の裏付けとなる対処力も今や日本は失いつつある。たとえば日中間には、通常戦力のミサイル、弾薬等破壊体の数量において大きな差があり、いくら戦闘機や艦船など運搬体の性能や兵員の練度で日本が勝っていても、数量に勝る中国の攻撃に日本が単独で対処することはもはや困難である。

また中国だけでなく北朝鮮のミサイル攻撃にも日本単独では対処できない。テポドンやノドン等のミサイルを撃墜するに足るだけの数の迎撃ミサイルを日本は今のところ保有していない。またアメリカのミサイル探知、追尾等情報システムの支援がなければ自衛隊のミサイル防衛システムは十分に性能を発揮できない。さらに日本は攻撃兵器を保有しない専守防衛を建て前としているために、現在のところミサイル発射基地を直接攻撃する策源地攻撃能力はない。

以上のように、統合機動防衛力を整備したとしても、日本単独では装備で数量的に勝る中国や北朝鮮への抑止力にも対処力にもならない。いかに大国心理を持とうとも、巨額の財政赤字を抱える日本は冷戦時代のようにアジアにおける軍事大国には二度となれない。そもそも統合機動防衛力はたとえてみれば、巧みな技で相手の球を打ち返す卓球やテニスのような防衛構想である。しかし、相手が一気に多数の球を打ち込めば、対応できない。「限られた資源」を前提にしている限り、いかに運用を巧みにし、戦術をみがいたところで、統合機動防衛力には限られた範囲、限られた対象を防衛する能力しかない。このような統合機動防衛力の欠陥を補うために日米同盟による抑止力および対処力が不可欠と考えられているのだ。

3 日米同盟による抑止力

日米同盟ははたして日本の抑止力を高めることができるのか。これこそが、積極的対米貢献の安倍ドクトリンの核心である。以下では核抑止と通常抑止に分けて日米同盟による抑止を考えてみたい。

†核抑止

まず核抑止である。非核三原則を宣言する日本は、他国からの核攻撃に対する抑止をアメリカの核戦力いわゆる核の傘に依拠する政策を取ってきた。二五大綱では「核兵器の脅

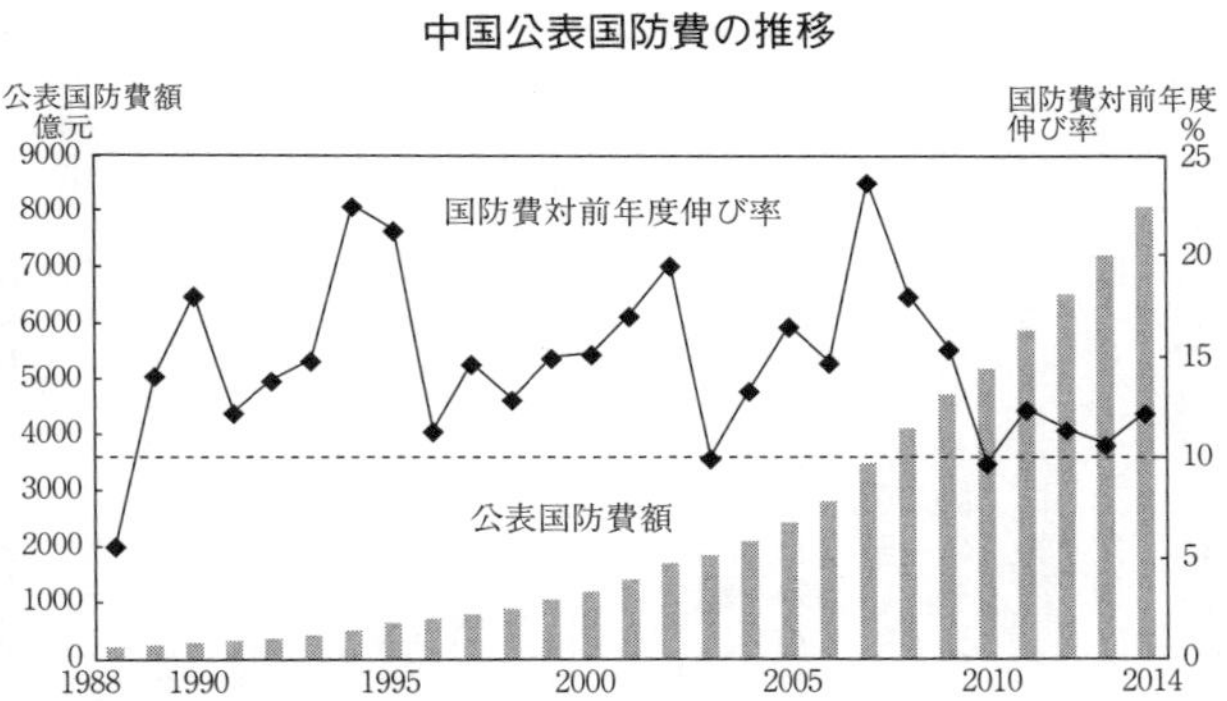

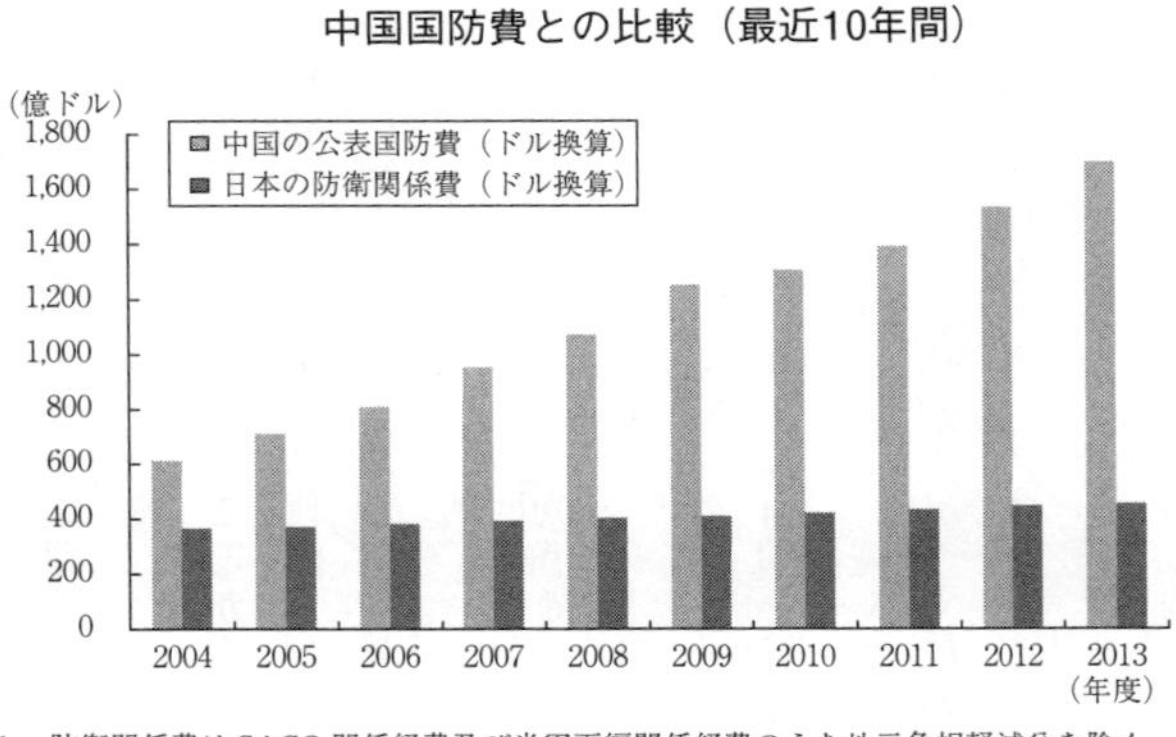

1　防衛関係費はSACO関係経費及び米軍再編関係経費のうち地元負担軽減分を除く。
2　中国国防費は中央財政支出における国防予算額。伸び率は対前年度当初予算比。
3　中国が国防費として公表している額は、中国が実際に軍事目的に支出している額の一部にすぎないとみられていることに留意する必要がある。
4　経済協力開発機構（OECD）が公表している購買力平価（2014年３月時点）を用いて換算。ただし、2013年度については2014年３月末時点で中国の数値が公表されていないため、2012年度の数値を用いて換算。（2012年度：１ドル＝104.684687円＝4.230683元）

出所）防衛省・自衛隊HP

図５　中国国防費との比較

威に対しては、核抑止力を中心とする米国の拡大抑止は不可欠であり、その信頼性の維持・強化のために米国と緊密に協力していくとともに、併せて弾道ミサイル防衛や国民保護を含む我が国自身の取組により適切に対応する」としている。つまりいざというときにアメリカが必ず核の傘を日本に差し掛けてくれるように、日ごろからアメリカとの緊密な関係を築いて一心同体となり、日本への攻撃はアメリカへの攻撃となる状況を作り出すということである。そのために安倍政権は積極的対米貢献主義の安倍ドクトリンを打ち出したのである。

核の傘についてのシナリオは極めて単純である。中国、北朝鮮が日本に対し核攻撃の威嚇をした場合、アメリカが日本に代わって核報復の威嚇をして、日本への核攻撃を抑止する、というものである。問題は、アメリカの核報復の威嚇に対し、中国や北朝鮮がそれならばアメリカに報復するとの威嚇をしたときに、アメリカは自国を犠牲にしてまでもなお日本のために中国や北朝鮮に対し核報復をする覚悟があるか、ということである。端的に言えば、東京を救うためにワシントンを犠牲にする覚悟がアメリカにあるかということである。アメリカによる核報復で北京、上海、平壌など多くの主要都市が灰燼に帰したとしても、その代わりにワシントン、ニューヨークあるいはロサンジェルスの一都市だけでも壊滅することにアメリカは耐えられるだろうか。しかも、それが東京を守るためであったとしたなら、どうだろうか。

この核の傘の信頼性の問題は、アメリカにとっての日本の価値および核攻撃の国際法上の問題から考える必要がある。

第一に、アメリカにとっての日本の価値である。冷戦時代には日本は極東における対ソ防波堤として、アメリカの対ソ戦略上不可欠の存在であった。また冷戦時代に日本はアメリカにとってアジアにおける最重要の同盟国、軍事拠点であり、日本を失うことはアジア・太平洋におけるアメリカの覇権を失うことであり、それはアメリカの存立にも直結する事態であった。極言すれば、日米は一心同体といってもよかった。だから、アメリカは日本への核攻撃はアメリカへの核攻撃とみなし、ソ連への核報復を覚悟したのである。

しかし、冷戦後の今日、アメリカにとって日本はどれほどの価値を持っているのだろうか。

冷戦時代の対ソ防波堤としての役割を果たした日本の地政学的価値は今なおあるのだろうか。確かにアメリカは現在中東からアジアに戦略的重点を移し替えるリバランス戦略を取っており、中国の太平洋進出を食い止める防波堤としての価値は日本にはある。ただし、その前提は、アメリカが依然としてアジア太平洋の覇権を維持するという戦略目標を掲げる限りにおいてである。仮に、アメリカが孤立主義に回帰し中国の「新型の大国関係」すなわち太平洋の覇権分有の主張を受け入れるような、いわば第二のニクソン・ショック、「朝海の悪夢」が起きれば、日本の地政学的価値は完全に失われてしまう。

他方、冷戦時代にアメリカの対ソ戦略を経済的に支えてきた日本の経済的価値はどうだろうか。アメリカに次ぐ経済大国であった日本のGDPも二〇一五年度には中国（一〇・九八兆ドル）の半分以下（四・一二兆ドル）しかなく、経済的価値も低下した。アメリカにとって経済的に価値ある国は今では日本よりも中国である。中国がソ連のように解体でもしない限り、日本が中国をGDPで追い抜くことは不可能である。

仮にアメリカにとって日本の価値がこれまで同様にあったとしても、拡大抑止が機能しないのではないかと思わせる国際法上の事態が起きている。

一九九六年七月八日、国際司法裁判所は核兵器の威嚇または使用の合法性について、国連総会の諮問に対し次のような勧告的意見を出した[22]。核兵器の威嚇または使用は一般的には違法であるが、国家の存亡そのものが危険にさらされるような、自衛の極端な状況において核兵器の威嚇または使用が合法か違法かについての最終判断を下すことができない。核兵器の威嚇、使用は一般紛争においてはもちろん国家存亡の最高緊急事態においてさえ合法とはいえないかもしれないのである。

中国、北朝鮮がどのような根拠を持って非核国日本への核兵器の威嚇・使用を行うかはさておき、アメリカは自国に対してではない他国日本に対する核兵器の威嚇・使用に対し、中国、北朝鮮に対する核兵器の威嚇・使用をどのように正当化する、あるいはできるのだろうか。国際司法裁判所の判断は、国家存亡の危機にあるとき以外は核兵器の威嚇・使用は違法との判断を下している。つまりアメリカが日本への拡大抑止を提供するためには、日本に対する核兵器の威嚇・使用がアメリカにとって国家の存亡の危機であることが前提条件となる。その場合でも、必ずしも合法とは言えないのである。

しかし、日本に対する核兵器の威嚇・使用がアメリカの国家存亡の危機に当たるという前提条件の立証には無理がある。たとえ安保条約第五条で「各締約国は、日本国の施政の下にある領域における、いずれか一方に対する武力攻撃が、自国の平和及び安全を危うくするものであることを認め」たとしても、いかなる意味においても、日本に対する核兵器の威嚇・使用がアメリカの国家存亡の危機であるとは言えない。確かに、中国、北朝鮮による日本への核の威嚇・使用をアメリカが自国の国家存亡の危機ととらえ、日本に核の傘を提供すれば、中国、北朝鮮から対米核報復を招くことになり、それがアメリカの国家存亡の危機になるから、アメリカの核兵器の威嚇・使用を違法とは言えない根拠となる可能性はある。しかし、拡大抑止を正当化するためにアメリカが進んで国家存亡の危機の状態を作りだすだろうか。この問題は、アメリカ側から見れば、国家存亡の危機を覚悟してまで救うだけの価値が日本にあるのかという問題、日本側からすれば冷戦時代のようにアメリカと一蓮托生の関係を作り出すことができるのかという問題に還元される。

このように冷戦時代の拡大抑止と冷戦後の拡大抑止では、核兵器の威嚇・使用に対する国際法上の規範が全く異なっており、拡大抑止の信頼性は大きく低下している。

†通常抑止

他方、通常抑止が機能するかどうかは、日本の対処力および日本を防衛する米軍の対処力にかかっている。日本の対処力については、前述したように、統合機動防衛力ではもはや十分な対処力とはならず、したがって基盤的防衛力のように拒否的抑止力には不十分である。したがって、通常抑止は主として在日米軍の対処力如何である。問題は米軍に日本に対する攻撃に対処する能力と意志があるかどうかである。

米軍の能力について疑うものは誰もいない。今なお世界最大の軍事大国であり、少なくとも国家間の通常戦争では、その軍事力の圧倒的優越を疑うものはいない。何しろ世界貿易センタービル二棟を破壊された報復に、アフガニスタンとイラクの二つの政権を打倒した軍事超大国である。

アジア地域においても米軍の軍事力の優勢は変わらない。確かに最近の中国の軍事力増

東京・伊豆諸島の鳥島（後方）北西沖約６キロの海域にいた中国船籍とみられる船団（2014年11月１日、写真提供：朝日新聞社／時事通信フォト）

強は目覚ましく、米中間の軍事力の格差は相対的に縮小している。一九九六年の台湾海峡危機の時とは異なり、中国は空母キラーと呼ばれる対艦弾道ミサイル東風ＤＦ－21Ｄを開発しているとうわさされ、米軍もおいそれとは空母機動部隊を中国周辺に展開させることはできなくなっている。また在日米軍の基地はすべて中国のミサイルの射程内にある。とくに中国に近い沖縄の嘉手納空軍基地はミサイル攻撃には脆弱で、かつてのように米軍が圧倒的優位を誇るというわけにはいかなくなった。とはいえ、米中間の軍事力には質においてなお大きな差がある。

　こうした米軍の軍事力をいかに日本の抑止力とするかが、日本にとって日米同盟の要であり、安倍ドクトリンの胆である。日本を攻撃すれば、必ずアメリカによる報復を受けると相手に確信させることで攻撃を抑止するのである。日本としては、日本を支援・補完する意志をアメリカから確実に取り付けねばならない。言い換えるなら、日本の紛争にアメリカをいかに巻き込むか、アメリカの関与が確実だと相手に思わせるほど抑止力は高まる蓋然性は高い。

†米軍との共同作戦は可能か?

アメリカの対日関与を確実にするための政策が、前述の二〇一五年に改定された一五ガイドラインである。一五ガイドラインは、前述したように、日本の防衛、外務およびアメリカの国防、国務のトップ・レベルから官僚そして制服組のトップから将校、兵に至るまでさまざまなレベルで、密接な関係の構築を目指している。こうした関係の強化を中国がどのように判断するか、それが日米同盟の対中抑止力の強弱を決定する。

とくに一五ガイドラインに示された「日本に対する武力攻撃への対処行動」における日米の協力態勢である。日本に対する武力攻撃とは、在日米軍の基地、兵員、アセット(装備品)等への武力攻撃を除く、日本の国土や国民、資産等への武力攻撃である。在日米軍への攻撃はアメリカが自衛権を発動して対処する。

日本に対する武力攻撃で想定されているのは尖閣諸島である。一五ガイドラインは、「日本に対する武力攻撃への共同対処行動は、引き続き、日米間の安全保障及び防衛協力の中核的要素である」と宣言した上で、日本に対する武力攻撃が発生した場合の基本的な考え方として、「日本は、日本の国民及び領域の防衛を引き続き主体的に実施し、日本に対する武力攻撃を極力早期に排除するため直ちに行動する。自衛隊は、日本及びその周辺海空域並びに海空域の接近経路における防勢作戦を主体的に実施する。米国は、日本と緊密に調整し、適切な支援を行う。米軍は、日本を防衛するため、自衛隊を支援し及び補完する。米国は、日本の防衛を支援し並びに平和及び安全を回復するような方法で、この地域の環境を形成するための行動をとる」（傍線引用者）としている。

一五ガイドラインは、続けてより具体的な作戦構想を提示している。作戦構想はもっぱら自衛隊が何をすべきかが書かれており、米軍についてはいずれも「共同作戦を実施する」ことになっている。とはいえ、その内容は、「自衛隊の作戦を支援し及び補完するための作戦を実施する」ことでしかない。

重要なのは、日本に対する武力攻撃にはあくまでも日本が「主体的」に取り組み、アメリカはあくまでも日本を「支援し及び補完する」としていることである。日本が主権国家である限り、日本が主体的に取り組むのは当然である。しかし、主体的に取り組んだところで、日本単独では中国や北朝鮮の攻撃を撃退できない恐れがある。したがって、アメリカがどの程度「支援し及び補完」してくれるかが問題となる。この文言にどれほどの信憑性があると、中国側が判断するかが日米同盟の抑止力の信頼性を決定する。逆に言えば、日本の抑止力はいかにアメリカの「支援し及び補完」を確実にできるかにかかっている。

†米軍は尖閣問題に関与するのか？

米軍の「支援し及び補完」する能力には疑いはない。能力面で問題があるとすれば、むしろ米軍の「支援し及び補完」する能力を自衛隊が十分に活用できるか、である。基盤的防衛力構想の下で自衛隊は着上陸を阻止する作戦や訓練は行ってきたが、「島嶼を奪回するための作戦」の能力はいまだしの観がある。今後日米両軍の共同訓練等によって能力は向上できるであろう。そうした訓練の積み重ねが、中国や北朝鮮に対する抑止力になると期待されている。

問題はアメリカの意志である。はたしてアメリカは日本の武力攻撃に対し本当に「支援し及び補完」してくれるのか。ここにこそ、見捨てられ、巻き込まれという同盟のジレンマがある。安倍ドクトリンの本質は、アメリカに見捨てられないように、アメリカを巻き込むことにある。それは一方で、血盟の契りとしての日米同盟に基づき、アメリカの紛争に巻き込まれる蓋然性が高くなることを意味する。

アメリカが日本を見捨てるかもしれないという恐れは常にある。たしかに二〇一四年四月にオバマ大統領は、尖閣諸島は日米安保条約の適用対象と明言している。つまりアメリカは尖閣諸島が、安保条約第五条にある「日本国の施政の下にある領域」と認めたことになる。そして「いずれか一方に対する武力攻撃」が起きた場合には「自国の憲法上の規定及び手続に従って共通の危険に対処するように行動する」ことになっている。

問題は「武力攻撃」の定義である。武力攻撃ではない、つまりグレーゾーン事態とアメリカが判断すれば、安保条約は発動されない。言い換えるなら、アメリカは尖閣問題に関与したくないがゆえに武力攻撃の認定をためらい、中国はアメリカの介入を避けるために武力攻撃と認定される正規軍の投入を避けようとする。こうして、事実上安保条約が発動されないまま、尖閣諸島が偽装難民や民間武装船団など非国家主体により中国に奪取される恐れがある。

またアメリカには尖閣問題にアメリカが巻き込まれることを懸念する声は高い。たとえば二〇一三年二月三日の米軍の機関紙『星条旗』新聞には、「無人の岩のために俺たちを巻き込まないでくれ」との論評が掲載された。はたして尖閣諸島は米兵が命をかけるに値するかどうかという問題は、突き詰めれば日本はアメリカにとってどのような価値があるのかという、核抑止においてアメリカにつきつけられた問題と同じである。アメリカ側に尖閣問題に巻き込まれることを懸念する声が高くなればなるほど、日米同盟の抑止力の信頼性は低くなる。

とはいえ、アメリカが日本に「支援し及び補完」をしなければ日米同盟は破綻する。それだけでなく、他の同盟国からもアメリカに対する信頼を失いかねない。尖閣で紛争が勃発した場合には、おそらく「支援し及び補完」は、フォークランド紛争時の対英支援のように情報提供に限定し、軍事力の直接投入はないだろう。いずれにせよアメリカがどのような「支援し及び補完」をするか、その確実性を中国がどのように判断するかが日米同盟の抑止力となる。

以上のように、日本の抑止力はハードパワーに関する限り、核抑止においても通常抑止においても日米同盟つまり米軍の軍事力に依拠していることがわかる。米軍の軍事力なしでは日本の抑止力は形成できない。したがって抑止力を高めて日本の安全保障を強化するには、日本がアメリカの国益に重要な役割を果たす同盟国となるように、より一層アメリカとの関係を深化させる必要がある。対米信頼を深化させようとする安倍ドクトリンの積極的対米貢献主義は、その意味では理に適っている。ただ、その信頼をアメリカがどの程度真剣に受け止めるかである。

安倍ドクトリンの問題は、過剰なまでの大国心理と過剰なまでの対米信頼との矛盾が日本のアイデンティティの混乱を招き、その結果親米、親中、自主独立あるいは大国主義、小国主義など対外政策をめぐって国内世論を分裂させていることにある。

安倍首相の過剰なまでの大国心理の背後には、自民党憲法改正草案に基づき憲法九条を改正して自衛隊を国防軍として認知すれば軍事力が高まり、日本はアメリカや中国などと対等な大国となることができるとの考えがあるのだろうか。たしかに自衛隊を軍隊と認知し交戦権を認めれば、ＰＫＯや多国籍軍などへの参加が容易になり自国領域外での国際平和支援活動等の幅は広がる。また米軍との作戦運用の自由度が高まり、戦略や戦術の幅もまた広がるだろう。しかし、憲法を改正したからといって、自衛隊の装備や人員が増強され、隊員の練度が高まり、改憲派が夢見る自主武装ができるわけではない。ましてや中国に単独で対抗できる軍事力を持つことなどもはや不可能である。

戦後日本は国際社会において秩序を形成する軍事大国であったことは一度もないが、中国が台頭するまでアジアにおいて秩序を形成する軍事大国ではあった。アメリカと覇を争うような大国にはなりようもないが、安倍首相は中国に対抗してアジアにおける大国への復活を夢想しているのだろうか。しかし、それは単にアメリカの権力、権威を借りて大国ぶるだけで、現実には経済、軍事、政治においても日本と中国の差は開くばかりである。

過剰なまでの対米信頼の背景にあるのは、安倍首相がことあるごとに強調するように、日本がアメリカ同様に自由と民主主義の普遍的価値を共有する国家であるということであろう。その一方で安倍首相はこれまで「美しい国、日本」のスローガンの下で、日本の歴史や文化、伝統など日本の特殊的価値を尊重する言動を繰り返してきた。国家安全保障戦略には「豊かな文化と伝統を継承しつつ、自由と民主主義を基調とする我が国」と両方の価値が記されている。一体日本の国家アイデンティティは、「豊かな文化と伝統」の特殊的価値なのか、アメリカと同じ「自由と民主主義」の普遍的価値なのか。

過剰なまでの大国心理の背後にある夢想と現実の矛盾、過剰なまでの対米信頼の背後にある特殊的価値と普遍的価値の矛盾、さらに過剰な対米信頼が過剰な対米従属を招き、大国心理とは裏腹に中級国家化してしまう矛盾、こうした矛盾が現れること自体、日本のアイデンティティが混乱している証左に他ならない。それは安倍ドクトリンを安倍首相の個人的資質や憲法論議に還元して批判するだけの反安倍派にも共通する問題でもある。日本のアイデンティティが混乱している結果、日本の立ち位置が揺らぎ、親米、親中、自主独立、大国主義、小国主義など外交政策の軸がぶれて中韓や時にアメリカとも摩擦を起こすのである。

1　過剰なまでの大国心理

経済、軍事、政治のすべてにおいて中国の後塵を拝するようになったにもかかわらず、どうして安倍首相は過剰なまでの大国心理を持つことができるのか。あるいは持とうとしているのか。安倍首相の大国心理がどのように醸成されてきたか、第三次アーミテージ・レポートを手掛かりに考えてみたい。

†「戻ってきました」演説

安倍首相が大国心理を露わにしたのが、第二次政権で初めて訪米した二〇一三年二月二二日にワシントンの民間シンクタンクCSISで行った講演である。安倍首相は「日本は今も、これからも、二級国家（tier-two nation）にはなりません。……わたくしは、カムバックをいたしました。日本も、そうでなくてはなりません」と講演で述べ、大国復活への意欲を明らかにした。

安倍首相の講演は、病気のため政権を放り出さなくてはならなくなった第一次政権から復権した自らを、長期にわたる経済低迷に苦しみ、経済大国世界第二位の座を中国に奪われ、また東日本大震災そして原発事故で大きな被害を出して意気消沈した日本と重ね合わせたのであろう。自らが復権したように、日本もまた復活するとの決意をアメリカの親日派に表明したのである。

当時のワシントンの雰囲気は、ジャパン・バッシング（日本たたき）の時代が懐かしいほどに、日本に対してはジャパン・パッシング（日本またぎ）どころかジャパン・ナッシング（日本無視）であった。安倍首相の訪米など、全国メディアはもちろん地元のメディアでさえもほぼ無視していた。他方ワシントンのみならず全米で中国、韓国の存在感は目覚ましく、メディアでもとりわけ中国に関する報道がない日はないくらいであった。事実、安倍首相訪米後の三カ月後の二〇一三年五月に訪米した朴槿恵韓国大統領は米国連邦議会上下両院合同会議での演説を含め、訪米時の動向は逐一全米ネットで放映された。さらにその一カ月後の二〇一三年六月には習近平中国国家主席が訪米、カリフォルニア州パームスプリングのリゾート施設で「新型の大国関係」についてオバマ大統領と会談し、世界的な関心を集めた。

こうしたジャパン・ナッシングの状況に危機感を覚えたのが、いわゆるアメリカの親日派たちである。第一章で記したように、安倍首相の訪米に先立つ半年前の二〇一二年八月に、リチャード・アーミテージ、ジョセフ・ナイらが、いわゆる第三次アーミテージ報告を公表した。その前言で、日本は一級国家（tier-one nation）にとどまるのか二級国家になるのか岐路にある、日本は一級国家にとどまる気があるのか、なければ報告書を読む必要などないとまるで挑発するかのように日本の奮起を求めたのである。これに応答し安倍首相は、アーミテージやナイなど親日派の前で「日本は戻ってきました」と日本の復活宣言をしたのである。

ところで、同報告が定義する一級国家（tier-one nation）とは次のような国家である。「相当の経済力、有能な軍事力そしてグローバルな視野を持ち、国際問題で指導力を発揮する国家である」。一級国家としての矜持を持って、国際社会の問題に積極的に関与する経済力、軍事力、政治力を持った国家という意味であろう。アメリカは日本にアフガン戦争時には「ショー・ザ・フラッグ」、イラク戦争時には「ブーツ・オン・ザ・グラウンド」つまり歩兵を送れと、戦争への積極的な参加を日本に要求していた。こうした国際問題への積極的な参加が一級国家の証だというのだろう。決して秩序を形成する大国という意味ではない。むしろアーミテージ・レポートのいう一級国家の本質はイギリス、カナダ、フランスのような大国アメリカの秩序形成を支援し維持する中級国家のことである。事実、安倍政権の積極的平和主義はアメリカの秩序を維持するために、アーミテージ・レポートに沿った形で実行されている。こうした文脈から考えれば、安倍首相の大国心理は、対米従属主義の裏返しといってもよい。アメリカの権威、権力を後ろ盾とする、つまり虎の威を借る狐の思いでしかない。

†美しい国から強い国へ

他方、本来安倍首相が描いていた大国とは、第三次アーミテージ報告が指南する一級国家とは全く違っていた。安倍首相が国会で日本を大国と評したのは、まだGDP世界第二位の座にあった二〇〇七年の国会の予算委員会での経済大国が最初である。その後第一次安倍政権ではメタンハイドレートに関連して資源大国あるいは、デフレ脱却をもくろむ起業・創業大国など大国になる目標を掲げていた。第二次政権以降は、「世界第三位の経済大国」「新輸出大国」「地域の平和大国」「責任ある大国」「軍事大国にならない」「ロボット大国」「起業大国」など、大国といいつつも大国というには負け惜しみめいたニュアンスが漂っている。

こうしたアドバルーン的な政策目標としての大国とは異なり、安倍首相の大国心理は、それこそが真の大国とでもいわんばかりの理想の国家「美しい国、日本」に基づいているといってよいだろう。安倍首相は二〇〇六年九月に発足した第一次政権の初の施政方針演説で、次のように「美しい国、日本」を政策目標として掲げた。「今こそ、(憲法を頂点とした、行政システム、教育、経済、雇用、国と地方の関係、外交・安全保障などの基本的枠組み)これらの戦後レジームを、原点にさかのぼって大胆に見直し、新たな船出をすべきときが来ています。「美しい国、日本」の実現に向けて、次の五〇年、一〇〇年の時代の荒波に耐えうる新たな国家像を描いていくことこそが私の使命であります」。以後、二〇一六年三月時点で国会で四〇回以上「美しい国」について語っている。

他方第二次政権になってからは、「美しい国」という理想よりも「強い国」という現実を語る言葉が頻繁に使われるようになった。事実、二〇一二年一二月に発足した第二次安倍政権の初の施政方針演説では冒頭、こう切り出している。「「強い日本」。それを創るのは、他の誰でもありません。私たち自身です」。「美しい国、日本」から「強い日本」への政策理念の変更の背景にはいったい何があったのか。

実は安倍首相は第一次政権で構造改革をすすめ、経済で「強い日本」そして災害に「強い日本」を目指すという政策理念を掲げている。しかし、それは単なるスローガンでしかなかったようで、第一次政権では四回しか用いられていない。二〇一六年三月時点で二〇回使用されたが、残り一六回はすべて第二次政権以降のことである。

その後、麻生太郎首相が二〇〇八年九月の第一七〇回国会での所信表明演説で「日本は、強くあらねばなりません。強い日本とは、難局に臨んで動じず、むしろこれを好機として、一層の飛躍を成し遂げる国であります」（傍線引用者）とすでに述べている。また二〇〇九年一月の第一七一回国会での施政方針演説で麻生は「明るくて強い日本を取り戻します」と、二〇一二年の自民党の選挙公約「日本を、取り戻す」や安倍政権のスローガン「強い日本を取り戻す」を先取りするような演説をしている。また自民党に対抗する民主党も二〇一〇年のマニフェストでは「元気な日本を復活させる」と、麻生政権と同工異曲のスローガンを掲げている。さらに菅直人首相は東日本大震災の二カ月後「政策推進指針――日本の再生に向けて」（平成二三年五月一七日閣議決定）で「力強い日本を再生させる」と麻生政権と同じスローガンを掲げている。

「強い日本を取り戻す」というスローガンは麻生政権以後、「明るくて強い」あるいは「力強い」あるいは「再生させる」「復活させる」など表現の差は多少あるが、日本が弱体化しているという認識を共有している。なぜ弱体化したか、その原因に対する認識によって、「強い日本」の意味する内容は異なる。

麻生政権では、第一七〇回国会での所信表明演説で「緊急な上にも緊急の課題は、日本経済の立て直しであります」と述べているように、長期のデフレで弱体化した日本経済の復活を願う、専ら経済での「強い日本」である。また東日本大震災に遭遇した菅政権では災害に「強い日本」である。他方、安倍政権の「強い日本」の意味する内容は多様である。

二〇一二年一二月の衆議院議員選挙で、前述のように、自民党は「日本を、取り戻す」とのマニフェストを掲げた。「取り戻す」具体的な内容は、「ふるさと」「経済」「教育」「外交」「安心」であった。選挙で政権に返り咲いた安倍首相は、マニフェストに沿って「強い日本」を取り戻す政策を実行していった。積極的平和主義は「強い日本」を取り戻す政策の中の外交政策の基本理念に他ならない。

「強い日本」を取り戻すには、何よりも民主党政権時代に棄損した日米同盟の立て直しが喫緊の課題であった。前述のように安倍首相は就任直後の二〇一三年二月に訪米し、第二次安倍政権初となる日米首脳会談を行った。会談で安倍首相はオバマに「より強い日本」は米国にとっての利益であり、より強い米国は日本にとっての利益であることから、日本として、防衛力の強化や力強い経済の再生に取り組むと、「強い日本を取り戻す」決意をアメリカに伝えた。そしてＣＳＩＳ演説で「強い日本」の復活は「一級国家」の復活としてアメリカに表明されたのである。

他方国内に対しては、「強い日本」の復活は、戦後レジームからの脱却の文脈から語られる。安倍首相は二〇一四年一月の年頭所感で、「「強い日本」を取り戻す戦いは、始まったばかり」と決意を新たにし、「「積極的平和主義」こそが、我が国が背負うべき「二一世紀の看板」であると、私は確信いたします」と、積極的平和主義への自信を国民に向け語った。その一方でサンフランシスコ講和条約と日米安全保障条約により戦後「日本」の歩みが始まった昭和二六年の元旦と対比して、平成二六年の元旦を日本の「新しい国づくり」に向けた大きな一歩を踏み出すべき時と述べ、所感を締めくくった。安倍首相は戦後レジームの見直しとも取れる抱負を久しぶりに語っているのである。

この所感で安倍首相は日米同盟を強化するすなわち対米従属を強化することが「強い日本を取り戻す」ことにつながると認識する一方、戦後レジームから脱却するすなわち対米自立することが「新しい国づくり」につながるとの決意を示している。この「強い日本を取り戻す」という現実と「新しい国づくり」という理想の矛盾、乖離の背景には何があるのだろうか。それこそが、日本が明治開国以来抱えている大小の心理の葛藤と東西のアイデンティティの対立である。

2 過剰なまでの対米信頼

安倍首相もまた、大小の心理の葛藤と東西のアイデンティティの対立があった。結論から言えば、安倍首相はこの問題を、対米従属強化というよりもアメリカとの一体化、同化によって解消しようとしているように思われる。それが過剰な対米信頼となって表れている。

†日本の心理とアイデンティティ

安倍ドクトリンの心理やアイデンティティを検証する前に、ごく簡単に近代以来の日本の外交政策について心理とアイデンティティから振り返ってみたい。

いかなる国家でも、政治家をはじめ国民には自国が大国か小国かの心理がある。それは外交政策に反映される。大国の心理はいわゆる大国主義すなわち関与主義の積極的対外政策として、他方小国の心理は小国主義すなわち孤立主義の消極的対外政策として具現化される。たとえばアメリカは、欧州列強に対し相対的に小国であった時代にはモンロー主義の孤立主義をとる一方、二度の大戦を経て世界の大国となった第二次大戦以降は世界の警察官として関与主義政策を取っている。その他にも大英国主義と小英国主義、大ドイツ主義と小ドイツ主義など国家に対する国民の大小の心理が対外政策に影響した例は決して珍しくはない。もちろん日本も例外ではない。日本の場合は、大小の心理に加えて、東西のアイデンティティがその国家の進路を決定してきた。

司馬遼太郎が『坂の上の雲』の冒頭で「まことに小さな国が、開化期を迎えようとしている」と描いたように、明治の日本は名実ともに小国であった。やがて日本は坂の上の雲を目指し、国家のアイデンティティを西洋文明に求める脱亜入欧のスローガンの下、西欧列強と伍する大国へと成長していく。第一次世界大戦後日本は国際連盟の理事国にまで登りつめ、名実ともに世界の大国の一員となった。まさに大日本主義の成果である。その一方で三国干渉、黄禍論、移民排斥など大国への道を歩む日本をけん制する欧米列強との摩擦が次第に高まっていった。西洋列強との軋轢の中、日本は国家のアイデンティティを次第に西洋文明から東洋文明に求めるようになった。そして東洋の盟主を目指し日本は韓国併合、満州侵略とアジアでの勢力拡大を進めていった。しかし、東洋の盟主の野望は中国、アジア諸国はもとより欧米列強の反撃にあい、大東亜戦争の敗北とともに潰えてしまった。そして戦後の日本は大日本主義から小日本主義へと一転し、アメリカの支配の下で、アメリカの自由民主主義を国家アイデンティティとする西側の小国として再出発した。

冷戦時代、反共親米政策の下でアメリカの自由民主主義という日本のアイデンティティは凍結されたままとなった。その間、高度経済成長で経済大国の心理が、他方平和憲法で軍事小国の心理が醸成され、吉田ドクトリンの下で、経済的関与主義政策の一方、アメリカの軍事力に依拠する軍事的孤立主義政策を取ってきた。つまり吉田ドクトリンは経済においては大日本主義、軍事においては小日本主義に基づいていた。しかし、冷戦が終わると中国の台頭とともに、日本は経済大国の心理は失われ、だからといって軍事小国の心理に安住することもできなくなった。またソ連が崩壊し、冷戦に代わる新たな対テロ戦争の過程でアメリカの自由民主主義への信頼が薄れ、戦後冷戦によって凍結されていたアメリカの自由民主主義という日本のアイデンティティが融解し始めた。しかし、代わりとなるアイデンティティは見つからない。

こうした国民の心理的不安やアイデンティティ・クライシスの中、現在安倍首相が取ろうとしているのは大国心理に基づく大日本主義すなわち国際協調主義に基づく積極的平和主義の関与政策であり、アメリカの自由民主主義を普遍的価値とするアイデンティティの再構築である。小国心理に基づきひたすら大国ぶらず低姿勢であった小日本主義の吉田ドクトリンとは全く対照的である。

†アイデンティティとしての郷土愛

安倍首相が日本のアイデンティティを何に求めていたのか、二〇一五年四月二九日に米国連邦議会上下両院合同会議で行った演説「希望の同盟へ」までは、必ずしも明確ではなかった。むしろ混乱していたといってもよい。

たとえば「国家安全保障戦略」はわが国の自画像を「Ⅱ　国家安全保障の基本理念　一　我が国が掲げる理念」の冒頭で、こう記している。「我が国は、豊かな文化と伝統を有し、自由、民主主義、基本的人権の尊重、法の支配といった普遍的価値を掲げ、……強い経済力及び高い技術力を有する経済大国である」。「豊かな文化と伝統を有」する日本が「自由、民主主義、基本的人権の尊重、法の支配といった普遍的価値を掲げ」る日本よりも前に置かれていることから、安倍が日本の「豊かな文化と伝統」の特殊的価値を国際社会の普遍的価値よりも重視しているのではないか、あるいは戦前のようにアメリカの自由民主主義を拒否する意図があるのではないかとのうがった見方もできる。その見方を裏付けるような出来事が二〇一三年一二月二六日に突然起きた。安倍首相の靖国神社参拝である。

安倍首相は参拝後に記者団に、「日本のために尊い命を犠牲にした英霊に尊崇の念を表し、御霊安かれと手を合わせた」と説明した。しかし、中国はただちに抗議の談話を出し、韓国も閣僚の一人が非難した。異例だったのは在日アメリカ大使館を通じてアメリカが「日本の指導者が近隣諸国との緊張を悪化させるような行動をとったことに失望している」との声明を発表したことだ。実は安倍首相の靖国神社参拝の三カ月近く前の一〇月四日に、バイデン米副大統領とケリー国務長官が無名戦没者を祀る千鳥ヶ淵墓苑を訪れ献花していた。これは明らかに米政府が無名戦士の慰霊施設が置かれたアーリントン墓地に相当するのは靖国神社ではなく千鳥ヶ淵墓苑であることを暗示した行為である。アメリカ政府は暗に安倍首相に靖国神社を参拝しないようにメッセージを送ったと受け止められていた。たしかにこれまでも何人もの首相が靖国を参拝したことはある。そのつど中国や韓国からは非難や抗議はあった。しかし、アメリカが「失望」を表明し、日米間の外交問題になったのは安倍首相の参拝が初めてである。

安倍首相は靖国参拝について、その著『新しい国へ』で「一国の指導者が、その国のために殉じた人びとにたいして、尊崇の念を表するのは、どこの国でもおこなう行為である。また、その国の伝統や文化にのっとった祈り方があるのも、ごく自然なことであろう」（七二頁）と、伝統や文化を尊重する一方、こうも記している。「日本の国は、戦後半世紀以上にわたって、自由と民主主義、そして基本的人権を守り、国際平和に貢献してきた。……日本人自身がつくりあげたこの国のかたちに、わたしたちは堂々と胸を張るべきであろう。わたしたちは、こういう国のありかたを、今後もけっして変えるつもりはないのだから」（七三頁）。この言葉には、個人としての郷土愛という特殊的価値観と同時に国家としての自由と民主主義という普遍的価値観を堅持していくとの、祖父岸信介から受け継いだ「千万人と雖も吾往かん」の精神に基づく決意と自信がみなぎっている。

米中韓はじめ諸外国が懸念するのは、日本の文化や伝統を重んじる安倍首相が、「戦後半世紀以上にわたって、自由と民主主義、そして基本的人権を守り、国際平和に貢献してきた。……わたしたちは、こういう国のありかたを、今後もけっして変えるつもりはないのだから」といいつつも、戦後レジームからの脱却を掲げていることである。前述のように第一次政権時安倍首相は第一六六回国会施政方針演説で「今こそ、これらの戦後レジームを、原点にさかのぼって大胆に見直し、新たな船出をすべきときが来ています」と述べている。

安倍首相のいう戦後レジームとは国内的には「憲法を頂点とした、行政システム、教育、経済、雇用、国と地方の関係、外交・安全保障などの基本的枠組み」のことである。しかし、戦後国会で日本国民が憲法として承認したとはいえ、こうした「基本的枠組み」はすべてGHQによって形作られたものである。つまり戦後レジームからの脱却とは、アメリカが作った「基本的枠組み」を否定することに他ならない。

他方国際的には、戦後レジームとはサンフランシスコ体制である。つまり戦後レジームからの脱却は、前述の二〇一四年の年頭所感が暗示するように、サンフランシスコ体制の否定につながりかねない。同所感はサンフランシスコ講和条約と日米安全保障条約を締結し新生日本が誕生した昭和二六年に倣って、平成二六年を「新しい国づくり」に向けた年と位置付けており、受け止めようによっては、まさにサンフランシスコ講和条約を否定することになる。

しかし、安倍首相は同所感以後、公式には戦後レジームからの脱却について語ることはあまりなくなった。むしろ対米同化といってもよいほどの対米従属路線に舵を切り、アメリカの自由民主主義を日本のアイデンティティとしたのである。それを明言したのが、二〇一五年四月二九日に米国連邦議会上下両院合同会議で行った演説「希望の同盟へ」である。

†親米歴史修正主義——希望の同盟へ

二〇一三年二月の訪米時の冷遇が嘘のように、アメリカは安倍首相の二度目の訪米を厚遇した。それは、日本の歴代首相として初めて議会上下両院合同会議で演説が許されたことに表れている。中国は「新型の大国関係」を築くどころか南シナ海をめぐりアメリカと対立関係に陥り、韓国は日本に先立って朴槿恵大統領に議会上下両院合同会議で演説の機会を与えられたにも関わらず中国に接近するような外交姿勢をとるなど、中東からアジアへの戦略的重心を移すリバランスを図るアメリカには日本しか信頼に足る親米国家は残されていなかった。そうした背景があってアメリカ政府は安倍首相を厚遇したのであろう。他方、安倍首相はその厚遇に十分すぎるほど答えている。

「希望の同盟へ」演説はアメリカに好意的に受け取められた。それは、安倍首相が靖国参拝事件で日米間に横たわった不信感を払しょくするかのように、アメリカの民主主義を称賛し、第二次世界大戦の敵対関係を乗り越えたアメリカの戦後の支援に感謝し、これまで以上にアメリカとの同盟関係を強化していくと親米を誓ったからである。それは反米歴史修正主義から親米歴史修正主義への転換であった。

この演説でとりわけ重要なのは、日本をアメリカ同様の民主主義国家と明確に位置づけ、日本の国家アイデンティティとして自由と民主主義の普遍的価値をアメリカと共有すると明言したことである。

演説の中に「アメリカ民主主義と私」と小見出しがつけられた段落がある。

「私の苗字ですが、「エイブ」ではありません。アメリカの方に時たまそう呼ばれると、悪い気はしません。民主政治の基礎を、日本人は、近代化を始めてこのかた、ゲティスバーグ演説の有名な一節に求めてきたからです。

農民大工の息子が大統領になれる――、そういう国があることは、一九世紀後半の日本を、民主主義に開眼させました。

日本にとって、アメリカとの出会いとは、すなわち民主主義との遭遇でした。出会いは一五〇年以上前にさかのぼり、年季を経ています」。

安倍首相は、日本は一八五三年のペリーの来航で民主主義に目覚め、その後の日本の民主政治の基礎は一八六三年のリンカーンの「人民の人民による人民のための政治」に基づいていると述べたのである。

この安倍演説は、ある意味画期的である。というのも、安倍演説に示された歴史観は、戦後レジームからの脱却どころか明治以降の日本の立憲君主制に基づく近代レジームへの回帰とみなすことができるからである。これまでの安倍首相の歴史観は「豊かな文化と伝統」の特殊的価値に基づく、対米自立の反米歴史修正主義とみられていた。しかし、演説に見る歴史観は、アメリカ民主主義に基づく対米従属、対米同化の親米歴史修正主義といってよい。

この親米歴史修正主義に立てば、戦前の全体主義はアメリカ民主主義からの逸脱であり、したがって民主主義国家アメリカに対する戦争は全体主義による間違った戦争であり、当然反民主主義の軍国主義者を裁いた極東軍事裁判は正しく、また戦後の日本支配はアメリカ民主主義の再教育の過程であり、したがって戦後レジームからの脱却はアメリカ民主主義からの逸脱として間違いだということになる。さらに見方によれば、親米歴史修正主義は明治憲法の主権在君の立憲君主制はもちろん現在の象徴天皇制をも否定しかねない共和制肯定の論理をはらんでいる。

このように安倍首相の親米歴史修正主義はこれまでの反米歴史修正主義を真っ向から否定している。その意味で親米歴史修正主義は完全な対米従属、対米同化を正当化する歴史観である

これまでの対米従属論というのは、主に安全保障政策についてであった。それ以外では対米自立の精神を、与野党を問わず、多くの政治家たちは共有していた。実際、冷戦時代には日本は軍事大国アメリカに従属する以外に現実的な安全保障政策の選択肢はなかった。とはいえ対米自立に向け安倍首相の祖父岸信介は、成功はしなかったが、安保改定で日米対等な関係を築こうとした。また、冷戦時代の歴代首相は吉田ドクトリンの下、安保における対米従属を逆手にとって経済での対米自立に励んだ。アメリカに従属しているにも関わらず、独立国としての矜持を示すために、アメリカは日本の「番犬様」と呼んだ、岸信介の腹心椎名悦三郎のような政治家もいたのである。

「美しい国、日本」、戦後レジームからの脱却を主張していた安倍首相もまた岸信介に倣って対米自立派、反米歴史修正主義者とみられていた。しかし、「希望の同盟へ」では、まるで自らをエイブラハム・リンカーンになぞらえるかのように、アメリカ民主主義を絶賛し、これまでの反米歴史修正主義を否定したのである。

こうして「積極的平和主義」という名の「対米貢献主義」の安全保障政策においても、アメリカ民主主義こそ開国以来の日本のアイデンティティとする精神においても、安倍首相は完全に対米従属主義者になってしまった。アメリカは日本の番犬様どころか、日本はアメリカのポチになってしまったのである。これでは、「日本がアメリカの五一番目の州になれば集団的自衛権も安保条約も問題にならない」[23]と発言する自民党の議員が現れても不思議ではない。

†アメリカ民主主義の影響

安倍首相の親米歴史修正主義が、単なるリップサービスで本音は戦後レジームからの脱却に表れている反米歴史修正主義にあるのではないかとの疑問もあるだろう。しかし、筆者には、安倍首相が育った時代背景を考えれば、親米歴史修正主義こそ本音で、反米歴史修正主義は安倍政権を支持する自民党長老の保守派や自民党の支持基盤である日本会議のような宗教右派へのリップサービスではないかと思われる。

安倍首相は一九五四年生まれである。アメリカのテレビ番組に夢中になり、ディズニーランドに憧れ、演説にもあったキャロル・キングの歌に魅了され、生まれた時からどっぷりとアメリカの文化に浸って育った世代である。しかも反米の第一次安保世代はもとより、米帝打倒を叫んだ全共闘世代とも世代を異にしている。全共闘世代以後で、ゴリゴリの反米主義者など、ごく一部の民族派か教条左翼しかいないだろう。

「希望の同盟へ」の「アメリカと私」の段落で、安倍首相が一九七八年に南カリフォルニア大学に留学したときの下宿先の女主人について、「デルｰフランシア夫人のイタリア料理は、世界一。彼女の明るさと親切は、たくさんの人をひきつけました。その人たちがなんと多様なこと。「アメリカは、すごい国だ」。驚いたものです」。決して誇張でもなく、リップサービスでもなく、本音であろう。ほぼ同じころシカゴ大学に留学した筆者も安倍首相と同様に「アメリカは、すごい国だ」と驚いた覚えがある。

岸信介の孫だから、安倍首相もきっと岸信介のように反米主義者で、アメリカには面従腹背で接していると思われがちだが、安倍首相の世代が岸のような戦前の思想を受け継いでいると考える方に無理がある。戦後のアメリカ民主主義の影響を受けて育った安倍首相が、岸が心酔したといわれる北一輝の国家社会主義の思想的影響を受けているとはとても思えない。

万が一安倍首相が岸の思想的影響を受けているとしたら、それは北一輝の天皇機関説であり、したがって安倍首相の戦後レジームからの脱却とは象徴天皇制の廃止や、想像をたくましくすれば天皇制を完全に政治から切り離した共和制の樹立ではないか。

親米歴史修正主義が安倍首相の本音と考えれば、彼の過剰なまでの対米信頼も合点がいく。安倍首相にとって、決して過剰ではなく、むしろ一体化、同化を求めていると考えれば、むしろ対米信頼が足りないと思っているくらいであろう。

安倍首相が、日本のアイデンティティをアメリカ民主主義に求めていることに、安倍より若い世代は反論できない。ディズニーランドを同化してしまったように、日本の若い世代はアメリカの文化も日本の文化も相対化してしまった。日本の若い世代にとって、もはや反米も親米もない。アメリカの民主主義を肯定する声は、ＳＥＡＬＤｓの「これが民主主義だ」というラップで主張する草の根民主主義の要求に如実に表れている。親安倍派も、反安倍派も、日本のアイデンティティをアメリカ民主主義に求めることには変わりがない。

その証拠に、安保法制反対運動も立憲主義からの安保法制の手続きに対する批判はあったが、不思議なことに反米のスローガンはどこにもなかった。アメリカの戦争に巻き込まれるかもしれないといって反対したにもかかわらず、である。また普天間基地移設問題も、やはり移設の手続きをめぐる日本政府と沖縄県の国内政治問題に還元され、かつてのような反米闘争にはなっていない。

安倍ドクトリンで問われるべきは、安倍首相も含め国民の多くが過剰なまでの大国心理と過剰なまでの対米信頼を無批判に受け入れていることである。

第四章　自衛権と憲法

安倍ドクトリンで最も争点になったのは、安保法制における集団的自衛権の解釈問題であった。はたして憲法九条は集団的自衛権を容認しているのか。そもそも自衛権とは何か、自衛権の行使の範囲はどこまでなのか、どのような手段なら自衛権の行使として容認されるのか。

結論を先取りすれば筆者は、日本国家には自然権としての自衛権はなく、国家に固有の権利としての自衛権はあるものの、憲法九条は国家に固有の権利としての自衛権を否定しているために日本国家に自衛権はなく、自衛権は依然として個人が保有したまま、との解釈をとる。この文脈に立てば、これまで護憲派と改憲派の対立とは、結局個人の自衛権を個人がどのように行使するか、個人の自衛権の行使の方法をめぐる論争に還元できる。

そこで本章では、憲法学ではなく政治学の視点から、これまでの自衛権の解釈や行使の是非について改めて検証し、憲法が抱える自衛権問題について考える。

1 日本の国家自衛権の否定

実定法主義の現在では、自然法に基づいて自衛権を自然権として説明することはできない。しかし、国家の自衛権を説明する上で理解しやすいためか、しばしば自然権としての自衛権が持ち出される。だが、国家には自然権としての自衛権はない。あるのは国家に固有の権利としての自衛権である。憲法九条はその国家に固有の権利を否定している。したがって、日本に国家の自衛権はない。

一般的に、自衛権と呼ぶかどうかは別にして国家の自衛権の概念は国家に固有の権利であるとの共通認識が古くからある。自衛権はいつの時代にも認められてきたのである。とはいえ、「自衛権がようやくやかましく論じられることになったのは、ごく最近のことで、一九二八年の不戦条約で、各国家が個別的に行う戦争が、自衛の場合を除いて、原則として禁止されてからである」[24]。ここでいう「ごく最近のこと」とは、戦後国連で集団安全保障が議論されるようになってからのことである。そして国連憲章で国家に「固有の権利」

として自衛権は認められるようになったのである。

我が国においても、参議院憲法審査会『日本国憲法に関する調査報告書』は「個人の自衛権は自然権であり、個人の自衛権の集合としての国の自衛権も条文以前の自然権であると言われる。我が国が独立国家として個別的自衛権を有することを認めることは、本憲法調査会において共通した認識であった」[25]（傍線、報告書）と記述している。「個人の自衛権は自然権」つまり正当防衛の権利は自然権である。だからといって、「個人の自衛権の集合としての国の自衛権も条文以前の自然権」と言えるのだろうか。

そもそも国家に自然権はない。自然権を持つのは、神の被造物であり理性をもつ人間だけである。人間ではない国家には自然権はない。したがって国家には自然権としての自衛権もない。しかし、各人が自衛権を国家に譲渡すれば、国家の自然権ではないが国家は国民から譲渡された個人の自衛権の集合として国家の自衛権を持つ。

ところが日本国民は憲法九条で「国権の発動たる戦争と、武力による威嚇又は武力の行使は、国際紛争を解決する手段としては、永久にこれを放棄する」と国家の非戦を宣言している。さらに第二項で日本国民は国家に対し、「前項の目的を達するため、陸海空軍その他の戦力は、これを保持しない。国の交戦権は、これを認めない」と国家に軍隊を持たせず、国の交戦権も認めず非武装、非戦を求めている。国家に対する非武装の要求、非戦の宣言とはとりもなおさず日本国民が日本国政府に「個人の自衛権」の譲渡を拒否したことに他ならない。譲渡していないが故に日本国家には「個人の自衛権の集合としての国の自衛権」は無いことになる。

ちなみに、こう反論する向きもあるだろう。「個人の自衛権」は国家に譲渡したが、その行使の方法について、非武装、非戦を要求しただけであり、「個人の自衛権の集合としての国の自衛権」はある、との反論である。国際法学者の横田喜三郎らが主張した、いわゆる「武力によらない自衛権」である。つまり「陸海空軍その他の戦力」以外の手段で、「武力による威嚇または武力の行使」以外の方法で「わが国と他国との紛争」を解決することを日本国民は九条によって国家に求めているとの主張である。

しかし、この主張は近代国家の理論的基礎を築いたホッブズの論理すなわち「力にたいして、力で自己防衛をしないという契約はつねに無効である」[26]に反する。各人は国家と、「力で自己防衛をしないという契約」を結ぶことはできない。この「力」には当然武力が含まれる。なぜなら国家との契約の目的が、可能なあらゆる方法によって自己の安全を保障することにあるからである。したがって日本国民は「力で自己防衛をしないという契約」を日本国家と結ぶことはできない。つまり日本には自衛権はない。

日本が自衛権を持たないことについて政府が認めたことがある。第六国会衆議院外務委員会で日本自由党の佐々木盛雄が九条は自衛権も放棄したのかと尋ねたのに対し、川村外務政務次官は「政府といたしましても、あらゆる御意見を総合いたしまして判断した結果、自衛権、自衛戰争は放棄したものと、こう考えております」[27]と自衛権の放棄を明言した。

また丸山眞男も日本が交戦権を放棄している以上、国家の自衛権はないと断言する。丸山の論理は、憲法の「国家の交戦権の禁止は不戦条約（一九二八年）を拡充したに過ぎず、「不戦条約は国策の手段として戦争に訴えることを永久に放棄する」以上、日本に「国家の自衛権」はないが、国民に自衛権はあるという立場である。後述する加藤典洋もまた、丸山と同じく国家の自衛権は認めない一方、国民の自衛権は認めている。

2 個人の自衛権の行使①——非暴力抵抗主義

国家に自衛権がないとするなら、自らの安全を守るために日本国民は「個人の自衛権」を各自がどのように行使すべきなのか、これまで護憲派、改憲派の間でさまざまな議論がくりかえされてきた。

第一は、個人が個人の自衛権を行使し、個人の安全は自らが保障すべきだとの主張である。個人による個人の自衛権の行使の方法は、非暴力抵抗主義か武力抵抗主義かに大別できる。いずれの方法をとるかは個人が置かれた状況はもちろん各自の世界観、価値観等によって異なる。

憲法の理想が、国家の非戦・非武装にあるが故に、その連想から個人の非暴力主義も称揚され、多くの護憲主義者は個人の非暴力主義をも憲法九条の理念として掲げた。確かに九条は国家の自衛権は否定したが、自然権である個人の自衛権まで否定し非暴力主義を国民に強いてはいない。そもそも個人の自衛権は自然権であるが故に、何人も否定できない。

†ルソーと非暴力主義

ところで、憲法前文で描かれた「平和を愛する諸国民の公正と信義」に信頼する世界は、ルソーの相互信頼の自然状態仮説を思い起こさせる。ルソーが想定する自然状態は平和状態である。しかし、そこでも自己保存（各人の安全保障）の欲求はある。その自己保存の欲求は、他者への「憐れみの情《ピチエ》」によって自己の幸福を犠牲にしてでも他者の幸福に配慮するように緩和され、各人の自衛権の行使は自制される。この自制された自衛権の行使の究極が非暴力である。ここに非暴力主義の倫理的淵源がある。「憐れみの情《ピチエ》」が非暴力を要請する一方、非暴力主義は決して自己保存を否定しないという意味において抵抗主義である。非暴力で徹底して自己保存を図れ。仮に自己保存が図れなくとも、マタイの福音に基づき、徹底した利他主義そしてその集合である一般意志にしたがって非暴力抵抗主義者は自分自身を犠牲にしてでも他者を守らなければならない。それは決して、各人に対して自身の生命を守れとの自然法に背くことではない。なぜなら「一人は皆のために、皆は一人のために」にしたがって各人が他者の自己保存を図れば、それが一般意志によって自己と他者が一体化した「自分自身を守る」ことにつながるからである。

ただし、ルソーの利他主義は共和国という国家共同体内に限定される。いわゆる国家が相争う一八世紀半ばの欧州七年戦争の時代を生きたルソーにとって、世界共同体の概念はなかったからである。

対照的に平和憲法の前文は世界共同体を前提にしている。というのも、「平和を愛する諸国民の公正と信義に信頼して」と前文にあるように、その利他主義は日本国家を超えて日本国民の他国の人々に対すると同時に、他国の人びとによる日本国民に対する利他主義を前提にしているからである。国家共同体を超えた世界共同体の利他主義が構築されない限り、言い換えるなら国家共同体内に利他主義が限定される限り、国家共同体間では平和状態の保障はない。しかし、日本国憲法前文は、国家を越えた世界共同体の利他主義の存在を想定している。その前提に立って日本国民は国家の非武装を宣言し、個人の非暴力を誓ったのである。

翻って、戦後日本で憲法どおりにこの非暴力抵抗主義が実践されてきただろうか。護憲派が抱える最大の問題が非暴力抵抗主義の実践にある。

†日本の非暴力抵抗主義

非暴力抵抗主義は、武力抵抗するよりも非暴力抵抗の方が、攻撃の非人道性を内外の世論に訴えることができ、結果的に武力による侵略や抑圧を止めることができる、という功利主義的判断に基づく個人の安全保障である。したがって武力抵抗よりも非暴力抵抗の方が功利主義的に判断して平和を達成できる状況が前提となる。と同時に、非暴力の実践には、「自ら求めざるところを、他におこなうなかれ」という万人の法に則って、たとえ「殺されても殺すな」という峻烈な自己責任が求められる。たとえ愛する人がいかなる暴力に晒されようと、ガンディーやキング牧師のように最後には自らが殺されようとも、「一人は皆のために、皆は一人のために」の一般意志に則って非暴力抵抗主義を貫徹しなければならない。非武装主義の洋学紳士君も、「弾に当たって死ぬだけのこと」と、やはり最後は平和に殉ずる覚悟を決めていた。

核戦争の時代には、非暴力抵抗主義は現実的な安全保障政策の一つではあった。武力抵抗よりも非暴力抵抗の方が功利主義的に判断して生命、財産を保障できる蓋然性ははるかに高かったからである。しかし、日本の非暴力抵抗主義がガンディーやキングのような確固たる信念や宗教的情熱に基づいて支持されていたかどうかは疑わしい。むしろ第二次世界大戦での徹底した敗戦経験に基づく非暴力厭戦主義といった方が正確かもしれない。戦争はもうこりごりだという感情から、戦争や軍事を忌避し、自衛戦争を含めていかなる戦争にも自衛隊にも日米同盟にも反対し、また軍事に関連する研究、教育や文化などを排除するという姿勢である。したがって仮に侵略されたらどうするかという問いを深く追求することなく、ただ漠然と非暴力で抵抗する、あるいは抵抗もしないとしか答えようがなかった。

実際、一九八〇年に教条的な護憲派政党であった社会党の石橋政嗣が、この非暴力抵抗主義を国家の非武装主義に重ね合わせて『非武装中立論』を著したことがある。石橋は、日本が経済大国になり軍事小国で来られたのは、「非武装中立こそ憲法の精髄なのだという信念に燃えて闘ってきた、日本社会党を中心とする護憲勢力の存在に負うところ大なのであります」[28]と、護憲派が果たした役割を強調した。そして、万が一侵略されたら、非暴力抵抗主義に基づいて、デモやハンスト、非協力、ゼネストに至る広範な非暴力抵抗を提案した。[29]

幸いにも冷戦時代に日本の非暴力抵抗主義が試される機会はなかった。他国が日本を武力侵略することがなかったからである。他国から侵略を受けなかったのは、九条のおかげであると護憲派は主張できた。というよりも、事実上アメリカに戦後ずっと侵略、占領、保護されていたといったほうが正確かもしれない。だからアメリカ以外の他国が侵略できなかったのではないか。

侵略がなかったことについて実証も反証もできないまま、やがて九条は疑似宗教と化し、写経ならぬ写九、読経ならぬ読九まで行われるようになった。また経文を覚えるように憲法前文や九条の暗唱運動が各地の小中学校に広がり、混声四部合唱曲の憲法九条、九条にひっかけて「窮状の歌」などの憲法九条にまつわる歌や九条ダンス、果ては日本酒「九条」までが売り出された。さらに九条を世界遺産に登録せよとの主張やノーベル平和賞に推薦しようとする運動まであらわれた。九条があれば日本は平和というユーフォリア（多幸感）が日本中に蔓延してしまった。

他方で、言行不一致、これは欺瞞ではないかと、護憲派に鋭く批判の刃を向けるのが法哲学者の井上達夫である。護憲派は「憲法を尊重している振りをしつつ、九条を裏切る自衛隊安保の現実にこっそり便乗、ないしそれをはっきり是認さえする自らの政治的御都合主義を、憲法を利用して隠蔽しようとしている点で、政治的欺瞞に加えて憲法論的欺瞞を犯している」[30]と批判する。要するに、各人の意図に反してか自発的にか、いずれにかかわらず、現実には個人の自衛権を日本国家や日米同盟によってアメリカに事実上譲渡しておきながら、護憲派はあたかも譲渡していないかのごとく非暴力抵抗主義や非戦非武装主義を主張してきた、との批判である。

自衛隊や日米安保を否定しつつその便益を享受するというこの護憲派の欺瞞が暴かれることになったのが、一九九〇年八月の湾岸危機である。この時はじめて護憲派は非暴力抵抗主義、正確には非暴力主義の実践を求められたのである。日本は国際貢献のための自衛隊の海外派遣を国際社会（正確にはアメリカ）から求められた。しかし、自衛隊の海外派遣を認めることは、個別的自衛権の範疇を超えるだけでなく、そもそも護憲派が違憲とみなしていた自衛隊に存在理由を与えることになる。また「武力による威嚇又は武力の行使は、国際紛争を解決する手段としては、永久にこれを放棄する」との九条第一項にも違反するとして護憲派は自衛隊の派遣に強硬に反対した。

イラクによるクエート侵略というあからさまな国際法違反に対し、国際社会はアメリカを中核とする多国籍軍を編制し国連も武力行使を決議六七八号で承認し、武力の威嚇及び行使で最後にはイラク軍をクエートから駆逐した。九条で日本国家に非戦を約束させた以上、日本国民は各人が国際安全保障に貢献する個人的責務を負っている。なぜなら日本国民は憲法前文で「われらは、平和を維持し、専制と隷従、圧迫と偏狭を地上から永遠に除去しようと努めてゐる国際社会において、名誉ある地位を占めたいと思ふ。われらは、全世界の国民が、ひとしく恐怖と欠乏から免かれ、平和のうちに生存する権利を有することを確認する」と国際協調を世界に約束しているからだ。にもかかわらず多国籍軍や国連による国際秩序の維持という国際安全保障の便益を受けながら、日本国民は一三〇億ドルもの資金提供以外、国家としてであれ個人としてであれ、全く役務を提供しなかった。「いづれの国家も、自国のことのみに専念して他国を無視してはならないのであつて」との憲法前文の国際協調主義と、「日本国民は、……武力による威嚇又は武力の行使は、国際紛争を解決する手段としては、永久にこれを放棄する」との憲法九条の一国平和主義の矛盾が露呈したのである。アメリカを中心とする国際社会は日本に国際の平和と安定に寄与することを求めた。それは具体的には人的貢献であった。しかし、紛争において人的貢献のできる組織は日本には自衛隊以外になかった。

国際社会に貢献しようとすれば護憲派は自衛隊の存在を認めざるを得ない。しかし、それでは自衛隊が存在しながらその存在を違憲として認めてこなかったこれまでの欺瞞が一気に露見してしまう。また自衛隊の存在を認めれば、それは各人の自衛権を国家に譲渡することになる。しかし、それは九条によって日本国民が拒否したはずだ。こうした矛盾を解消する唯一の方法は、日本国民の非暴力抵抗主義の実践であったはずだ。自衛隊の存在も海外派兵も認めないためには、自衛隊の代わりに各人が地球市民として直接国際貢献に参加することである。それはカントが夢見た世界共和国への第一歩だったはずである。しかし、護憲派にはほとんど誰も湾岸危機に対し非暴力抵抗主義を実践し、紛争解決を図ろうとする者はいなかった。

井上が主張するように、自衛隊・日米安保体制が日本の安全保障に便益を与えているかどうかは、九条が侵略を防いだという仮説同様に、実証も反証もできない。しかし、イラクをクエートから追放したことで、少なくとも武力による現状変更は許さないという意味で、多国籍軍が国際秩序の維持という便益を国際社会に与えたことはまちがいない。そうした便益を我々日本人も享受しておきながら、九条を盾に役務の提供を断った。その上で反戦、反米を叫び、日本は九条のおかげで戦争しない平和な国だと吹聴するのは護憲派の欺瞞、偽善以外の何物でもない。

†兵役拒否国家の論理

反戦、反米を叫ぶばかりでは「いづれの国家も、自国のことのみに専念して他国を無視してはならないのであつて」との憲法前文の国際協調主義を実践することはできない。他方、「日本国民は、……武力による威嚇又は武力の行使は、国際紛争を解決する手段としては、永久にこれを放棄する」という憲法九条との整合性をどのようにとるか。そのために社会党が提案したのが「兵役拒否国家」の論理と非武装の平和協力隊である。

一九九〇年一〇月一六日、第一一九回国会で政府が提出した「国連平和協力」法案に対し、社会党の土井たか子委員長は「国連平和協力機構」法案を提出した。その趣旨は「我が国が軍事面には一切手を出さず、専ら非軍事面、そして経済面で貢献すること、そして国連の平和維持活動には、自衛隊とは明確に一線を画した国連平和協力機構を創設して、平和のための行動に積極的に参加すべき……」と述べ、具体的な提案として「難民救済、近隣諸国への緊急援助、経済制裁によって被害を受けた途上国に対する経済協力」を挙げた。そして「なぜ平和憲法に反してまで自衛隊の海外派兵をしなくてはならないのか」[31]と、政府案に反対した。

「国連平和協力機構」設置大綱には、次のように記されている。「……日本は今こそ平和国家として国際社会における『兵役拒否』を国家の原則として貫く……」[32]。「兵役拒否」の国家原則とは、「非軍事・民生の分野における国際協力に積極的に参加」することである。

しかし、兵役拒否国家の論理にはいくつかの問題がある。

第一に、思想、信条を理由とした兵役拒否の論理を国家に適応できるかという問題がある。そもそも良心的兵役拒否は「殺されても殺すな」という非暴力抵抗主義の個人の思想に基づく。それを国家の非戦非武装主義と同一視することはできない。

第二に、よしんば良心的兵役拒否の論理が国家に適応できたとしても、日本が兵役を拒否できる理由は何かという問題が残る。その理由を憲法九条に求めたとして、ではなぜ憲法九条は兵役拒否の理由になるのだろうか。憲法はあくまでも日本国民と日本国家との信約である。日本国固有の信約を国際社会に拡張することはできない。

第三に、よしんば憲法九条が兵役拒否の理由になったとして、その倫理的根拠は何か。つまりなぜ日本だけが憲法九条によって兵役を拒否できるのか。世界正義の問題として、他国に武力行使を任せて国際社会の安全保障の恩恵を受けることが倫理的に許されるのかという問題である。

第四に兵役拒否国家の論理に基づく安全保障政策は非軍事であるだけで、軍事による安全保障政策同様の国家の政策である。国家の自衛権の行使の方法が非軍事であるということは、事実上各人の自衛権を国家に譲渡したことに他ならず、各人の自衛権を国家に譲渡しないとの九条に反する。

第五に兵役拒否国家は戦争を前提にしており、その正邪は問わず、戦争そのものは肯定する立場に立つ。否定するのは武力の行使や威嚇である。戦争を否定しないという意味で、兵役拒否国家は憲法の平和主義に反する。仮に戦争そのものを拒否するのであれば、戦争拒否であり、一切の戦争加担を止めなければならない。二〇〇〇年九月衆議院の憲法調査会で、小田実は国連の集団安全保障も「戦争主義」として否定し、「戦争に正義は無い」との絶対平和主義の立場から良心的軍事拒否国家を提唱した。[33] そして戦争の無い世界の建設に向けて世界の市民が老人介護や看護師などで市民的奉仕活動を行うべきだと主張した。憲法の平和主義を体現するのは、兵役拒否の論理ではなく小田の軍事拒否の論理であろう。しかし、その小田にして、市民的奉仕活動がどのように戦争を防ぐのか、またどのように実践するのか、具体的な提案も、「ベトナムに平和を！　市民連合（ベ平連）」のような実践もできなかった。

こうした兵役拒否の論理の問題に、社会党は必ずしも答えていない。結局社会党の兵役拒否の論理は、自衛隊を海外に派遣させない、そして自衛隊の存在そのものを認めないための便法でしかなかった、と言わざるを得ない。

本来であれば兵役拒否の論理の欠陥を穴埋めする方策が、まさに「非軍事・民生の分野における国際協力に積極的に参加」[34] することでしかなかったはずだ。その具体策として社会党は与党の提出した国連平和協力法の対案として上述の「国連平和協力機構」構想を提案し、自衛隊に代わる国連平和協力隊を提案した。

同隊は「①武力による威嚇や武力の行使は行わず、非武装であること、②受入国や派遣国の合意を得ること、③敵を持たない平和活動であること」の三原則の下、「PKOの支援、停戦監視、輸送、通信、医療衛生」等に協力することになっていた。また「国連平和保障基金」を創設し、当面GNPの〇・一%を拠出することを提案した。国連平和協力隊は実現しなかった。仮に自衛隊抜きの国連平和協力隊ができたとしても、はたして実際に参加しようとする者は護憲派市民にいただろうか。

その後一九九二年六月に成立したいわゆるPKO協力法で国際平和協力隊が創設された。自衛隊が参加する以外、ほぼ社会党が提案した国連平和協力隊の業務内容が同じであった。にもかかわらず社会党は同法案が自衛隊の海外派遣に直結することを理由に激しく反対した。それは、社会党の国連平和協力機構の狙いが、自衛隊の海外派遣を認めないことと同時に結局のところ自衛隊の存在を認めないことにあったことを裏付けている。しかし、社会党は思いがけず政権の座に着くことになり、一九九四年七月二〇日に衆議院の本会議で社会党の村山首相が「専守防衛に徹し、自衛のための必要最小限度の実力組織である自衛隊は、憲法の認めるものであると認識するものであります」[35]と、ついに自衛隊を合憲と認めたのである。このことは社会党もまた、国民各人が個人の自衛権を国家に譲渡したことを認めたことに他ならなかった。

こうして日本の非暴力抵抗主義は、現実には個人の自衛権を国家やアメリカに事実上譲渡し、九条に反しているにもかかわらず、建前では自衛隊は憲法違反であり日米同盟には反対する主張を繰り返すなど、あたかも譲渡していない、あるいは無理やり譲渡させられたかのごとき振る舞いを見せる偽善と欺瞞は、社会党が事実上解党した今もなお続いている。

3　個人の自衛権の行使②——暴力抵抗主義

日本において暴力抵抗主義はどのようにとらえられていたのだろうか。憲法の非暴力主義の理想とは矛盾するが故に、暴力抵抗主義は声高に議論されたことはあまりない。とはいえ、たとえば上述の丸山眞男は「国民の自衛権」は合憲との立場から、次のようなたとえ話で国民の暴力抵抗を認めている。「もし、ソ連がやってきたとしますね。国民が自己防衛するのは憲法は許していますよ。完全に合憲です。ピストル持とうが何をしようが」[36]。

また「火垂るの墓」の作者野坂昭如も、『国家非武装されど我、愛するもののために戦わん』（一九八一）で個人武装論を主張したことがある。

日本の政党でも日本共産党は、一九九四年の第二〇回党大会決議で、「急迫不正の主権侵害にたいしては、警察力や自主的自警組織など憲法九条と矛盾しない自衛措置をとることが基本である」と、主張している。現在、共産党は自主的自警組織論を封印しているようで、個人武装に基づく自警組織の議論は展開していない。

こうした個人武装論に基づく群民蜂起の可能性を示唆する判決がかつて下されたことがある。自衛隊の違憲、合憲性が問われたいわゆる長沼ナイキ事件に対する札幌地裁の第一審判決である。同判決で福島重雄裁判長は、「わが国が、独立の主権国として、その固有の自衛権自体までも放棄したものと解すべきでないことは当然である（昭和三四年一二月一六日付最高裁判所判決参照）」と日本の国家の自衛権を認めた上で、行使の手段としての自衛隊を九条で禁ずる戦力にあたると断定し、違憲とした。この権利はあるが行使できないという論理は、吉田茂の「自衛権は否定しないが、……自衛権の發動としての戰争も、又交戰権も抛棄した」との第90回帝国議会での演説や、現在の内閣法制局の集団的自衛権はあるが行使できないとの論理構成と同じである。そして福島判決は「四．自衛権と軍事力によらない自衛行動」で、「危急の侵害に対」する自衛の手段の一つとして、自衛隊に代わり外交交渉や警察力と共に、「民衆が武器をもって抵抗する群民蜂起の方法もあり、……非軍事的な自衛抵抗には数多くの方法があることも認めることができ」[37]と、武装抵抗主義の可能性について言及している。[38]

ただし、長沼判決の群民蜂起は、「国家の自衛権の行使方法」の一つと同判決が記しているように、あくまでも国家の防衛を目的とする「国家の自衛権」の発動である。長沼判決の群民蜂起は個人の自衛権を国家に譲渡したうえで、国家の自衛権の行使の方法として群民蜂起が選択されている。その意味で長沼判決の群民蜂起は各人が個人の自衛権に基づき個々に武装し自己の安全保障を目的とする暴力抵抗とは異なり、スイスが行っている国民皆兵の市民防衛に近い。各人の自衛権に基づく暴力抵抗主義は市民防衛と違って、個々人の暴力抵抗が集合し結果的に国家の防衛になったとしても、国家の防衛が第一義的目的とはならない。あくまでも自己防衛が目的である。

個人の自衛権ではなく国家の自衛権の行使方法として、国家の防衛を目的とする群民蜂起を認めたとしよう。そのような群民蜂起の最も組織だった形態に民兵が挙げられる。その淵源はルソーの人民武装論に求めることができるだろう。ルソーは『ポーランド統治論』で常備軍に代えて国民皆兵の人民の武装を主張している。ルソーに影響を受けたカントもまた、『永遠平和のために』「第三条項　常備軍（miles perpetuus）は、時とともに全廃されなければならない」と規定し、常備軍に代わり民兵による国家防衛を提唱している。

民兵による国家防衛の第一の理由は安全保障のジレンマである。常備軍が他国の脅威となって無際限な軍拡競争になり、軍事費の増大が短期決戦の誘因となり、先制攻撃の原因となる。第二の理由は倫理的問題である。兵士が国家に単なる人殺しの機械や道具として雇われることは、人間性の権利に調和しない。ところがカントは続けてこう記している「だが国民が自発的に一定期間にわたって武器使用を練習し、自分や祖国を外からの攻撃に対して防備することは、これとは全く別の事柄である」[39]。

カントは、国家が武装し国民を雇って戦争をする常備軍は認めないが、国家防衛のために国民が自発的に訓練し、国家防衛のために戦うことは認めている。また戦争になった場合の徴兵も認めている。つまり戦争そのものを否定しているわけではない。「自分や祖国を外からの攻撃に対して防備する」ための戦いは肯定している。その上で国家を防衛するにあたって、常備軍よりも民兵組織の方が軍事合理性やとりわけ倫理性の点からすぐれているという、主張をしているのだ。

4　個人の自衛権の国家以外への譲渡

第二は、個人の自衛権の国家以外への譲渡である。個人の安全を国家以外の主体にゆだねるということである。国家に代わって期待されたのが国連である。

†国連への譲渡

吉田茂は一九四六年七月四日第九〇回帝国議会衆議院帝国憲法改正案委員会で、「武力なくして侵略國に向つて如何に之を　日本自ら自己國家を防衛するか」との趣旨の林平馬の質問に、独立後の日本の安全保障を国際連合に委ねることもありうると答弁している。しかし、国連に個人の自衛権を譲渡することには二つの問題があった。第一は、連合国と国際連合の矛盾。第二は、憲法九条と国連憲章との矛盾である。

第一の戦勝国である連合国とその連合国中心の国際連合の矛盾が最もよく現れているのが、憲章五三条及び一〇七条の旧敵国条項である。日本は旧ドイツ、イタリア等と共に、国連においては敵国扱いを受けており、今もなおそうだが、憲章上必ずしも連合国と対等な立場にはなかった。したがって、連合国としての国連に個人の主権を譲渡することは難しい。それは事実上連合国の直接統治を受けることになるからである。事実、マッカーサーは、連合国軍撤退後は日本を国連の支配下に置こうとしていた。日本が主権を回復できず独立できなくなることを恐れた外務省は、国連加盟により国連の加盟国としての地位を確保し、独立主権国家としての存続を求めたのである[40]。しかし、加盟国になろうとすれば、第二の、憲法と憲章の矛盾が露呈するのである。

国連は憲章四三条によって武力行使の強制措置を伴う集団安全保障への参加を加盟国に義務付けている。しかし、日本は憲法九条によって国民と非戦非武装の信約を結んでいる。日本が国連に加盟して個人の自衛権を国連に譲渡しようとすれば、国連の憲章を優先するか、国民との信約すなわち憲法を優先するかの矛盾が生じる。しかし、憲法制定過程においては、憲法と憲章は必ずしも矛盾するとはとらえられてはいなかった。それどころかむしろ憲章があってはじめて憲法の趣旨を貫徹できると考えられていたのである。

たとえば、一九四六年七月九日の第九〇回帝国議会衆議院帝国憲法改正案委員会で芦田均委員長は、憲法が憲章と矛盾するとの論は「形式論理」だと否定した。その上で続けて、憲章に基づく「國際聯合國としての義務」を果たせなくても、憲法に基づき「日本が眞に平和愛好國たる事實」により、加盟は可能との見解を開陳している。

この連合国と国際連合そして憲法と憲章の矛盾を解消して国連に個人の自衛権を譲渡するには、連合国機構としての国連を改革する以外にない。芦田は上述の演説に続けて、「四海同胞の思想に依る普遍的國際聯合」という敵味方の無い真の国際連合を建設するように政府に要望したのである。

この「普遍的國際聯合」の思想は、一九四六年八月二六日の第九〇回帝国議会の貴族院本会議で法学者の高柳賢三が構想した「世界連邦」と近似している。「世界聯邦の形に於ける世界國家が成立すれば、各國は改正案第九條の想定して居る武装なき國家となるのであります、世界に生起する總ての國際紛争は武力を背景とせず、理性に依つて解決されることになる、武力は世界警察力として、人類理性の僕としてのみ存在が許される、改正案第九條は斯かる世界聯邦を前提としてのみ合理的であります」。

その上で国際連合を世界連邦への過渡的段階ととらえ、国連にまずは加盟し、世界連邦形成に努力すべきではないかと吉田茂に問うている。「所謂國際聯合は現在斯かる世界聯邦建設への萌芽を包藏して居ります、それがどう云ふ風に發展、展開して行くか、或は展開せしむべきか、是は將來の問題でございます、併し改正案第九條を採擇する以上、速かに之への參加を要請する方針を以て一面武装なき日本國民の安全を確保し、他面世界聯邦建設に努力することが必要不可缺であると思ひます」[41]

このように、憲法と憲章の矛盾は、憲法制定過程では、憲法と憲章は一体化したものと考えられ、憲法九条の実践こそが世界平和に貢献するとの論理が組み立てられていた。そして憲法九条の実践を通じて連合国の機構である国連を普遍的国際連合あるいは世界連邦へと変革することを希求していたのである。この国連の変革が成就して初めて個人の自衛権を普遍的国連や世界連邦に譲渡できるのである。

これは、まさにカントの『永遠平和のために』で構想された「啓蒙された民族」による平和国家連合である。カントが想定していた「啓蒙された民族」とは革命後のフランスであるが、現代においては日本人が「啓蒙された民族」の役割を果たし九条を実践し、やがて個人の自衛権を率先垂範して譲渡することで普遍的国連あるいは世界連邦である平和国家連合が誕生するのである。

しかし、今に至るも世界連邦に向けた国連改革は実現せず、敵国条項さえも削除されない。結果日本人の個人の自衛権は世界連邦はもちろん国連にさえ今なお譲渡できていない。

†国民相互への譲渡

ホッブズの譲渡では想定されていないが、ホッブズの社会契約論を批判的に継承したルソーの一般意志の形成に基づけば、個人の自衛権（特殊意志）を個人同士が相互に譲渡しあうことで国民の自衛権（一般意志）が形成される。それこそが、丸山眞男の言う「国家の自衛権」と区別された「国民の自衛権」[42]である。

ホッブズは、人々が安全に快適に暮らすには公共的な権力が必要であり、「この権力を確立する唯一の道は、すべての人の意志を多数決によって一つの意志に結集できるよう、一個人あるいは合議体に彼らの持つあらゆる力と強さとを譲り渡してしまうことである。

ということは、自分たちすべての人格を担う一個人、あるいは合議体を任命し」[43]、彼らの行為や意志は自らのものとみなし、彼らに全面的に判断を委ねるのである。つまり個人の自衛権を特定の一個人あるいは合議体（原著 assembly）に譲渡し、安全を保障される個人は主権者に忠誠を誓うのである。「個人の自衛権」の集合としての「国家の自衛権」とは、個人が「特定の一個人あるいは合議体」に自衛権を譲渡することで個人の自衛権（抵抗権を除く）を放棄することを意味する。ホッブズの論理に従えば、事実上主権者は特定の一個人あるいは合議体でしかない。

しかし、これは日本国憲法の主権在民主義に反する。平和憲法下において主権が国民にある限り、主権在民の意味するところは「特定の一個人あるいは合議体」に個人の自衛権を譲渡してはいないことになる。その意味でも、丸山が主張するように単に交戦権を放棄しているという理由だけでなく、主権在民であるが故に日本国民各人は個人の自衛権を含めて個人主権を「特定の一個人あるいは合議体」に譲渡していないことになる。

では主権在民国家において国民各人は個人の自衛権を一体誰に譲渡するのか。この問題に回答を与えるのがルソーである。ルソーの一般意志の形成のように各人が相互に個人の自衛権を譲渡しあえば、個人の自衛権は各個人が保有すると同時に総体として「国民の自衛権」となる。丸山が「国民が自己防衛するのは憲法は許していますよ。完全に合憲です。

ピストル持とうが何をしようが」[44]というように、国民の自衛権の行使の方法は国民に委ねられる。そして「国民の自衛権」はあくまでも外国軍の侵略や独裁政権の圧政など国民に対する脅威に対してのみ行使される。

「国民の自衛権」の限界は、自「国民の自衛権」を承認するが故に、他「国民の自衛権」を承認せざるを得ないことにある。その結果、国家の交戦権は否定したとしても、国民同士の交戦権は否定しておらず、結果国民同士の戦争を招来することになる。この理由は、上述のようにルソーの互恵的利他主義が共同体内部に限定されるからである。カントが目指すように、諸国民が諸「国民の自衛権」を相互に譲渡して、はじめて「国民の自衛権」を止揚し、世界共和国が誕生する。その意味で九条は、世界共和国に向けた第一歩として、先駆的、革命的である。

しかし、個人の自衛権の相互譲渡による「国民の自衛権」は現実とはならなかった。冷戦の激化にともない、日本は「国家の自衛権」に基づき日米安全保障条約を締結し、自衛隊を創設したからである。なぜ九条で個人の自衛権の国家への譲渡を拒否したにもかかわらず国家に自衛権があるのか。その理由は一九五九年一二月の砂川事件に関する最高裁判所の判決にある。

「憲法第九条はわが国の自衛権を否定するか」という判示事項に対して、「憲法第九条は、わが国が主権国として有する固有の自衛権を何ら否定してはいない」と判決を下し、以下のようにその理由を説明した。「同条（九条）は、同条にいわゆる戦争を放棄し、いわゆる戦力の保持を禁止しているのであるが、しかしもちろんこれによりわが国が主権国として持つ固有の自衛権は何ら否定されたものではなく」（括弧内引用者）と、「主権国として持つ固有の自衛権」として国家の自衛権を肯定した。こうして国家の自衛権が憲法上確定したのである。しかし、何故自衛権が主権国に固有の権利なのか、明快な説明はない。

5　個人の自衛権の行使の放棄

第三は、個人の自衛権の行使の放棄である。その結末は奴隷の平和である。放棄論の典型といえる論争が冷戦時代にあった。一九六一年にバートランド・ラッセルは「Better Red than Dead（死よりも赤がまし）」の標語を掲げ、核戦争で死ぬくらいならソ連に降伏したほうがましという非暴力無抵抗主義を主張した。日本でもラッセル同様の非暴力無抵抗主義を主張した人物がいた。ロンドン大学教授の森嶋通夫である。一九七九年秋、森嶋は『文藝春秋』誌上で早稲田大学客員教授関嘉彦と日本の防衛政策について大論争を繰り広げたことがある。森嶋は、ソ連が侵攻すれば白旗と赤旗を掲げて整然と降伏すればよい、「秩序ある威厳に満ちた降伏」をすれば、いずれ「政治的自決権」を獲得できると主張する。たしかに日本はアメリカをはじめ連合国に対して「秩序ある威厳に満ちた降伏」をして、六年後には政治的自決権を回復できた。ただし、敗戦、降伏の後遺症は残り、日米地位協定にみられるように、今なお一部主権は制限されている。

森嶋のいうように、個人の自衛権の行使の放棄が実現するには、全員がそれに同意しなければならない。仮に奴隷の平和になったとしても、それでも「死よりも赤がまし」との判断を全員が共有しなければならない。なぜ「赤よりも死がまし」よりも、「死よりも赤がまし」という判断になるのか。森嶋はこの点について明確にしているわけではない。「どのような選択をするかはその人の価値観による」として、赤を選ぶ人もいれば、死を「光栄と思う」[45]人もいる、と言うだけである。

森嶋の自衛権の行使の放棄は、生命を尊重するあまり、アイデンティティの安全保障を無視した議論である。森嶋は、非暴力無抵抗主義が自らの苛烈な戦争体験に根ざしていることを告白している。その一方で森嶋は、アイデンティティの安全保障については何ら顧慮していない。たとえば、宗教家やその信者にとっても、宗教を禁じていたソ連の支配下にはいることは精神的な死に等しい。イスラム教徒の自爆テロ、中国のチベット問題や新疆ウイグル自治区のイスラム教徒を見れば明らかだが、奴隷の平和より宗教に殉ずる人はいくらでもいる。

以上政治学の観点から、日本の自衛権の解釈や行使の方法についての論争を見てきた。安保法制の本質は、閣議決定による集団的自衛権行使容認の憲法の手続き上の問題にあるのではない。日本国民が、各自保有する個人の自衛権を自ら行使するのか、国家以外の主体に譲渡するのか、自衛権の行使を放棄するのか、その行使の方法について明確な国民的コンセンサスがないことが問題なのである。

第五章　護憲派の蹉跌

第五章　護憲派の蹉跌

冷戦の終焉という政治の現実は、憲法の理想を政治の現実へと引き戻す機会を我々に与えてくれた。問題は憲法の理想をどのように政治の現実とするかである。つまりいかにして護憲を実践するかである。

そのためにこれまで護憲の立場からさまざまな取り組みが行われてきた。大別すると三つに分けることができる。第一は、政治の現実を無視してでも、憲法の理想に固守するいわば教条護憲派。第二は、解釈改憲により政治の現実と妥協しつつも、憲法の理想の実現に努力する穏健護憲派。第三は、自衛隊の存在と個別的自衛権の行使を明文改憲で認め、解釈改憲に歯止めをかけようとするリベラル改憲派。

いずれの立場であれ、憲法の理想がこれ以上、政治の現実に引きずられないように、憲法の理想を梃に政治の現実に歯止めをかけようとする取り組みである。しかし、いずれも安倍ドクトリンの限定的とはいえ集団的自衛権まで容認する解釈改憲の歯止めとはならなかった。

以下では、教条護憲派、穏健護憲派そしてリベラル改憲派の護憲の実践の問題点を洗い出したうえで、平和大国ドクトリンにおいて憲法の理想と政治の現実の乖離をいかに解消するか検討したい。

1　教条護憲派が抱える問題点

憲法の理想に教条的に固守する教条護憲派は、国家への個人の自衛権の譲渡を拒否し、個人が保有したまま個人による自衛権の暴力的行使を否定する非暴力抵抗運動を主張する。しかし、教条護憲派の非暴力抵抗運動は、第四章で詳述したが、改めてまとめると、次のような倫理性、現実性、実践性の三点で問題を抱えている。

†倫理性

第一に、倫理性の問題。非暴力抵抗運動は、一人は皆のために、皆は一人のためにという徹底した利他主義に基づき、全員が自己犠牲を覚悟で一致団結して実践しなければ効果はない。しかもその覚悟はだれからの強制でもなく全員の自発的決断でなければならない。なぜなら利他性の強制は専制主義、独裁主義、全体主義でしかないからである。とはいえ全ての人が強制なしに自発的に一致団結して、利他主義に基づき自己犠牲を伴う非暴力抵抗運動に参加できるのだろうか。

また非暴力抵抗運動を、たとえば「汝殺すなかれ」という倫理的判断に基づき選択したとしても、次のような倫理的問題が残る。すなわち自らが相手を「殺さない」ということは実践できたとしても、相手に自らを「殺させない」ことは保証できない。真の非暴力主義とは相手にも非暴力を要求し、相互に「殺さない、殺させない」ということである。相手に暴力を振るわせるという非倫理性だけではなく、それを非暴力主義故に暴力を拱手傍観することの非倫理性も非暴力抵抗運動にはある。非暴力主義を堅持するが故に、たとえばわが子が虐待、殺されるのを見過ごす親がいたとして、その親は非暴力主義を実践したとして称賛されるのだろうか、それとも暴力も含めてあらゆる抵抗を試みるべきだったと非難されるのだろうか。

†現実性

第二に、現実性の問題。はたして「新しい戦争」の時代に非暴力抵抗主義が通用するか、ということである。そもそも非暴力抵抗運動は、前述の石橋政嗣の『非武装中立論』のように、核戦争を前提にしている。冷戦時代には先ず何よりも核戦争を回避して生存を確保するために、降伏するか抵抗するかというのは防衛政策としてありえない選択肢ではなかった。また、一九六八年のソ連のチェコ侵略の際のチェコ人民の抵抗運動のように、非暴力抵抗運動は侵略軍やその傀儡政権に対する抵抗を想定している。しかし、国家間戦争の「旧い戦争」の時代から国際テロが横溢する「新しい戦争」の時代に入った今日、非暴力抵抗主義ははたして有効なのだろうか。

現在の「新しい戦争」では、紛争主体は必ずしも国家とは限らない。むしろ個人、テロ・ゲリラ組織、犯罪集団、民族組織、宗教団体等、武装した非国家主体が主流である。イラク、シリア、アフガニスタン、リビアなどの騒乱を見てもわかるように、こうした非国家主体によるいわゆるテロ、ゲリラなどの低強度紛争が国家間戦争に代わって国際紛争の中心を占めるようになっている。また使用される兵器も核兵器のような大量破壊兵器ではなく、自爆テロで用いられる簡易爆弾や、レーザーやGPSの誘導による精密誘導兵器

アフガニスタン・カブール市内の自爆テロ跡（著者撮影）

である。たしかに無辜の市民が巻き添えになる可能性は否定できないものの、核戦争のような大量破壊による巻き添えとは比較にならないくらいに被害も犠牲者の数も極限化される。時には武力抵抗の方が非暴力抵抗よりも犠牲が少ない場合も出てくる。

また「新しい戦争」は承認的価値をめぐる戦争だということである。つまりナショナリズム、宗教、思想などアイデンティティが争点となる戦争である。この戦争には一切の妥協はない。「旧い戦争」が主として領土の割譲、占領や資源の争奪など配分的価値をめぐる戦争であり、足して二で割るという妥協が可能な戦争であるのとは、「新しい戦争」は全く対照的である。一種の宗教戦争のような戦争こそが「新しい戦争」の本質である。したがってイスラム国のテロが示すように、非暴力であろうがなかろうが、抵抗する限りすなわち自分たちのイデオロギーを受け入れない限り、殺傷、殲滅される可能性は否定できない。非暴力抵抗運動は配分的価値をめぐる戦争には有効な場合もあるが、承認的価値をめぐる「新しい戦争」には全く無効である。

もっとも「新しい戦争」でなくても、日本で非暴力抵抗運動が効果を挙げていないことは、米軍が今なお日本に駐留し沖縄では今も基地反対運動が続いていることが実証している。非暴力抵抗であれ武装抵抗であれ侵略国に対する抵抗運動の最大かつ直接の敵は、占領軍に協力する傀儡政権でありその政権に加担する多くの同胞である。彼ら対敵協力者に対する抵抗運動は、アフガニスタン、イラクの内戦を見ても明らかだが、武装抵抗の場合は内戦となり、非暴力抵抗運動の場合は選挙やデモ、ストライキなどの政治活動に他ならない。その政治活動に限界があることは、戦後の反米運動や現在の反基地運動をもってしても日米地位協定を変えることができず、また自民党をはじめ親米政党が政権与党を戦後ほぼ一貫して牛耳ってきたことを見ても明らかである。

†実践性

第三に、実践性の問題。教条護憲派は憲法の理想を護れと主張するだけで、湾岸戦争の際に端的に表れたように、紛争解決のための非暴力抵抗運動を全く実践できなかった。護憲運動によって軍国主義国家であった日本さえ戦争しない国になれば世界は平和という敗戦直後の状況と現在は全く異なる。冷戦後の今日では日本も世界の平和のために、積極的に国際紛争の解決に尽力する、憲法前文に明記された国際協調主義が求められている。

にもかかわらず、教条護憲派は九条のみに固執する一国平和主義に陥り、国際協調主義に基づく非暴力平和主義を実践しない、あるいはできないでいる。どれほどの護憲派がパレスチナやイラク、シリアなどの紛争地に赴いて、非暴力主義を実践し、紛争解決の努力をしたことがあるのだろうか。日本という安全地帯で、いくら反戦、平和を叫んでも、むなしく虚空にこだまするだけである。こうした非戦、反戦、非暴力の主張と実践の欠落という言行不一致は教条護憲派に対する信頼性を著しく損ねている。

たとえばロナルド・ドーアは『日本の転機』で、石原慎太郎の『NOと言える日本』への反論として執筆した『「こうしよう」と言える日本』を引用して、教条護憲派に対し、『憲法擁護』という至上命題は、一九五〇年代にはまずまず政治的な合理性があったかもしれないが、その命題にこだわりすぎていろいろな意味で機能不全に陥っている憲法をそのまま保持しようとするのは、宗教的誠実さの証しかもしれないが、頑なな非現実性か精神分裂か、いずれかの兆候としかいえないと嘲った」[46]ことがある。たしかに憲法九条が宗教化しているのは第四章で見た通りである。

以上の非暴力抵抗主義が抱える三つの問題を解決しない限り、憲法の理想と政治の現実はますます乖離する。ただし、教条護憲派が、憲法の理想を忘れないための南海先生のいう「瑞雲」の役割を果たしていることは高く評価しなければならない。

2 穏健護憲派

安全保障政策を憲法の理想から切り離して政治の問題とし、政治の現実と憲法の理想との妥協を図ろうとするのが穏健護憲派である。国家への自衛権の譲渡は認めたうえで、自衛権の行使を限定する穏健護憲派は、明文改憲はしないが解釈改憲で個別的自衛権や自衛隊までは容認したうえで、集団的自衛権の行使や自衛隊の海外派兵は違憲として認めないと主張する。穏健護憲派による解釈改憲である。

†平和基本法

穏健護憲派の登場の背景には、冷戦が終わり国際情勢が変化する中で、次のような三つの情勢の変化があった。

第一に、湾岸戦争の際に見られたように、教条護憲派が反対を叫ぶばかりで具体的な国際平和貢献が何もできなかったこと。

第二に、湾岸戦争の外交敗北のトラウマのために、明文改憲派が集団的自衛権行使容認や自衛隊の海外派兵まで主張するようになったこと。

第三に、阪神大震災の災害救助等で自衛隊を支持する国民が増えてきたこと。

こうした情勢の変化を受けて、護憲派の中から安全保障政策を憲法の理想の枠内で、憲法から切り離して政治の現実に即して議論する動きが始まった。たとえば和田春樹東大教授（当時）、山口二郎北大教授（当時）らが一九九三年四月に『世界』誌上で発表した準憲法的な「平和基本法」である。明文改憲の代わりに解釈改憲に基づく「平和基本法」の骨子は以下の通りである。

①憲法九条第一項は個別的自衛権を容認しているが、二項は戦力不保持と交戦権否認を規定しており〈最小限防御力〉保持しか認められない。

②自衛隊を最小限防御力に組み替える過渡的存在とみなす。

③国連の平和維持活動など国際貢献を任務とする別組織を創設する。

ほぼ同様の内容は、同じ一九九三年に前述のロナルド・ドーアも提案している。ドーアは前述の『「こうしょう」と言える日本』で、「憲法を改正して、自衛隊の現実の存在および正当性を認めて、しかし軍隊の使い方を厳しく限定する条項を代わりに入れると、はじめて、ホンモノの平和憲法ができるという主張」[47]（ドーア 2012）のもと、九条第一項はそのままに、第二項以下を次のように改正する提案を行っている。

「二、以上の決意を明確にするために、日本国民はここに宣言する。日本が保持する陸海空軍その他の戦力は以下の目的以外には、これを発動しない。

一．日本の国際的に認められている国境に悪意をもって侵入するものに対する防衛。

二．国内外の災害救援。

三．国連の平和維持活動や、国連憲章第四七条による、国連の直接指揮下における平和回復運動への参加」[48]

平和基本法とドーアの提案を比較すると、両者にさしたる差はない。両者とも個別的自衛権と自衛隊を容認している。しかし、両者の決定的違いは、平和基本法が解釈改憲、ドーアが明文改憲を主張していることである。明文改憲を目指していたからか、ドーアによれば、この提言はあまり評判を呼ばず、護憲派からは危険人物扱いされたという。その理由は、「『陸海空軍その他の戦力は、これを保持しない。国の交戦権は、これを認めない』

とする現行憲法を、政界全体のコンセンサスのもとで、実際行為で踏みにじっている。それは恥じるべきことだ』と主張したからだ」[49]。教条護憲派を偽善・欺瞞と批判する井上達夫東大教授と同様の主張である。

他方、体制派からも批判があったという。「日米安保中心の外交に甘んじていた体制派にとって、『国連中心外交に戻れ』という拙著の主張は気に食わなかったのだろう」[50]。ドーアに反発したからかどうかはわからないが、朝鮮半島危機や台湾危機、対テロ戦争を経験した「体制派」は日米安保中心外交に傾斜していった。そして安倍ドクトリンは、国際協調主義に基づく積極的平和主義という積極的対米貢献主義に基づき、かつてないほど日米安保重視の外交を目指している。

†穏和な平和主義

平和基本法のような準憲法的な法律で政治の現実による憲法の理想の蚕食を食い止めようとする護憲派が現れる一方、憲法の解釈によって憲法の理想を政治の現実から救い出そうとする議論が護憲派から出てきた。それが長谷部恭男早稲田大学教授が主張する穏和な平和主義である。「穏和な平和主義」[51]は、教条護憲派の憲法平和主義を「絶対平和主義」で「善き生き方」を強制するものとして批判する。[52]また穏和な平和主義は、九条が「ある問題に対する答えを一義的に定める」準則ではなく、「答えをある特定の方向へと導く力として働くにとどまる」原理であり、「合理的自己拘束として設定されている」と考える平和主義である。

要するに憲法の理想である非武装・非暴力・非戦・戦争廃絶の平和主義は努力目標であり、「軍備の保持がもたらす実際的困難の解決は目指すべきであるが、それと同様に考慮に入れるべき、他の対立する考慮も、国際的平和の実現のためには存在しているはずだからである」[53]と、政治の現実を踏まえて自衛隊の存在を認める。これもまた平和基本法同様に、護憲派による解釈改憲である。

九条第二項を努力目標と考えて自衛隊を合憲とみなす立場は、宮沢俊義や丸山眞男らが主張したいわゆるプログラム規定説と同じである。つまり憲法第九条二項は「集団安全保障が完全に有効であることを条件として強制力を発揮するプログラム規定であるというのが、その立法趣旨」[54]とみなす立場である。九条がプログラム規定であることは、憲法制定過程で吉田茂が個人の自衛権を「國際平和団体」に譲渡しようとしたことで明らかである。問題は「國際平和団体」である国連の集団安全保障が冷戦で機能しなくなったことで九条の前提が崩れ、結局プログラム規定説は忘れ去られてしまった。ただその痕跡は、「国防の基本方針」の「（四）外部からの侵略に対しては、将来国際連合が有効にこれを阻止する機能を果たし得るに至るまでは、米国との安全保障体制を基調としてこれに対処する」（傍線引用者）に見ることができる。

憲法の理想や目標としての九条という穏和な平和主義や、国連の集団安全保障を九条の前提とし平和主義を努力目標とするプログラム規定説が最近になって主張されるようになったのは、冷戦の終焉と無縁ではない。

冷戦時代には教条護憲派の憲法平和主義が試されるような事態はほとんどなかった。米ソ冷戦の中で、まさに「死か赤」かという究極の選択が迫られる状況においては、憲法平和主義の非武装・非暴力・非戦・戦争廃絶は理想主義としてそれなりの影響力は持ちえた。またその思想的実践が試される機会も訪れなかった。反証も実証もできないがゆえに、教条護憲派は憲法平和主義が理想主義ではなく現実主義であると主張することも可能だった。

しかし、冷戦が終わると、国際情勢は一変した。とくに冷戦終焉直後に起きた湾岸戦争では、国連の武力行使容認決議に基づく多国籍軍の活動は、事実上の集団安全保障で、国連の役割が再評価される契機となった。政治の現実が憲法の理想に一歩近づいたのである。

にもかかわらず、この湾岸戦争をはじめ世界各地の紛争や朝鮮半島有事、対テロ戦争などの現実の前に、教条護憲派の憲法平和主義が実践の伴わない机上の空論でしかないことが暴露された。憲法を教条的に解釈する限り憲法の理想は政治の現実と切り結ぶことはできない。そこで護憲派から提唱されたのが憲法の理想と政治の現実を切り離す平和基本法の試みや、穏和な平和主義さらにはプログラム規定説だったのである。

個別的自衛権や自衛隊を容認する限り、穏健護憲派と明文改憲派との差は全くない。個人の自衛権を放棄し国家に譲渡して国家の自衛権を認めるのは、明文改憲派の論理以外の何物でもない。そのため、穏健護憲派も、集団的自衛権は違憲と申し立てはしたが、個別的自衛権の解釈改憲を容認した以上、集団的自衛権の解釈が違憲である論理的根拠はない。結局穏健護憲派は明文改憲派を論破できず、限定的ながら集団的自衛権の行使を閣議決定で容認した安倍ドクトリンに抗することができなかった。

ならばいっそのこと、明文改憲して解釈改憲に歯止めをかけようとする人々が護憲派から出てきた。いわゆるリベラル改憲派である。

3 リベラル改憲派

改憲とは、政治学の視点から言えば、自衛権の在りかを憲法によって明文化することである。前述したように憲法九条は自衛権の在りかを明文化しておらず、個人に自らの自衛権を保有、放棄あるいは譲渡するかの選択を迫っている。そこで、自衛権の在りかが国家にあることを明文化しようというのが保守改憲派であり、そして今護憲派からも限定的明文改憲の主張が出てきたのである。

非暴力抵抗を他者に強いる自衛権の放棄や、あるいはまったく逆に個人の武装権を認める自衛権の個人保有を憲法に明文化することに多くの国民は賛同しないだろう。とすれば、残された選択肢は個人の自衛権を誰に譲渡するかである。

憲法の理想は国連であるが、大国の論理が支配する現在の国連への譲渡を明文化することにやはり国民の賛同は得にくいだろう。残るは国家に譲渡するか、国民相互に譲渡する、かのいずれかである。前者は国家の自衛権を明文化する保守改憲であり、後者は丸山眞男の「国民の自衛権」を明文化する、いわゆるリベラル改憲である。保守改憲は、憲法の理想を政治の現実に合わせる改憲であり、平和大国ドクトリンにそぐわない。ではリベラル改憲は、憲法の理想に沿う改憲だろうか。

†リベラル改憲

リベラル改憲の要諦は、外国軍の侵略や独裁政権の圧政など国民に対する脅威に対してのみ「国民の自衛権」を行使することを憲法で明文化することにある。

冷戦終焉後、リベラル改憲の先鋒となったのは前述のロナルド・ドーアである。そしてドーアの改憲私案に触発されて、加藤典洋は『戦後入門』で次のように九条第二項を改正する明文改憲を提案している。[55]

「二、以上の決意を明確にするため、以下のごとく宣言する。日本が保持する陸海空軍その他の戦力は、その一部を後項に定める別組織として分離し、残りの全戦力は、これを国際連合待機軍として、国連の平和維持活動及び国連憲章第四七条による国連の直接指揮下における平和回復運動への参加以外には、発動しない。国の交戦権は、これを国連に移譲する。

三、前項で分離した軍隊組織を、国土防衛隊に編成し直し、日本の国際的に認められている国境に悪意をもって侵入するものに対する防衛の用にあてる。ただしこの国土防衛隊は、国民の自衛権の発動であることから、治安出動を禁じられる。平時は高度な専門性を備えた災害救助隊として、広く国内外の災害救援にあたるものとする」[56]

加藤の憲法改正の要は、「国の交戦権は、これを国連に移譲する」とあるように、国家の自衛権を否定する一方、「ただしこの国土防衛隊は、国民の自衛権の発動であることから、治安出動を禁じられる」と、カントの『永遠平和のために』で示された国民の自衛権を認めていることにある。

国民の自衛権の前提は、原則、徴兵制にもとづく国民皆兵である。しかし、憲法は第一八条で「意に反する苦役」として徴兵制を禁じている。他方、志願制にすれば「国土防衛隊」は、現在の専守防衛の自衛隊と変わらない。加藤が徴兵制か志願制のいずれによる国土防衛隊を構想しているかは不明である。いずれにせよ、加藤の憲法改正案のように軍事組織の組織や編制まで明文化すれば、政治や軍事の現実に対応できず、井上が懸念するように、立憲主義を揺るがしかねない。

†新九条論

加藤の他にも最近では、集団的自衛権行使の閣議決定を立憲主義の危機ととらえる立場から、伊勢崎賢治東京外国語大学教授、ジャーナリスト今井一が明文改憲に基づく新九条論を主張している（東京新聞二〇一五年一〇月一四日）。彼らの問題意識は、「憲法を改正して、自衛隊の現実の存在および正当性を認めて、しかし軍隊の使い方を厳しく限定する条項を代わりに入れる」とのドーアの主張同様に、集団的自衛権を認めず、政府がこれ以上自衛権を恣意的に解釈し立憲主義を棄損させないという点にある。改憲による解釈改憲への歯止めである。したがって、必ずしも「国民の自衛権」を前提にしているわけではない。ドーアのように、新九条論派は国家に自衛権を譲渡したうえで、自衛権の行使の範囲を厳しく制限するような明文改憲を目指している。

たとえば今井は、「わが国が他国の軍隊や武装集団の武力攻撃の対象とされた場合に限り、個別的自衛権の行使としての国の交戦権を認める。集団的自衛権の行使としての国の交戦権は認めない」としたうえで、「専守防衛に徹する陸海空の自衛隊を保持する」と自衛隊を容認している。同様に伊勢崎も、「個別的自衛権を行使するため、陸海空の自衛戦力を保持」と、加藤のように国民の自衛権を明示しているわけではないが、個別的自衛権を明確化し、自衛隊は国土防衛に徹することを明文化しようとしている。

明文改憲を目指すリベラル改憲には、護憲派が猛反対している。反対の理由は、そもそも自衛隊を認めないという教条護憲派の憲法平和主義だけでなく、穏健護憲派からも明文改憲を主張している保守改憲派に明文改憲の口実を与え、敵に塩を送るようなものだという感情論や反安倍の野党共闘や護憲派の連帯を分断するとの政治判断もある。

たしかに明文改憲すること自体、憲法の理想を政治の現実に合わせるという意味でリベラル改憲は保守改憲派と変わらない。ただし、解釈改憲を繰り返して憲法の理想が政治の現実に手繰り寄せられてきた歴史を見れば、明文改憲で解釈改憲に歯止めをかけなければならないというリベラル改憲派の焦燥はわからないではない。安保法制反対運動を見ても明らかだが、教条護憲派はもちろん穏健護憲派も、暗黙の裡にであれ自衛隊を認めている現実から目をそらす一方、相変わらず反対のための反対に終始するばかりで、結局政府の集団的自衛権行使の解釈変更に歯止めをかけることはできなかった。

†九条削除論

教条護憲派の憲法の理想と政治の現実の乖離を解決するために、ドーア同様に教条護憲派の偽善や欺瞞にいら立つ法哲学者の井上達夫東大教授は、いっそのこと九条を削除してしまえと主張する。「九条と乖離した現実が改憲派のみならず護憲派によってもなし崩し的に受容されてきた戦後の政治状況・思想状況が、どれほど憲法の規範性を『嘘くさい念仏』として茶番化し、日本における立憲主義の確立と発展を阻んできたか、護憲派にこそ特に、胸に手を当てて考えてもらいたい。九条は固守するのでも改正するのでもなく、端的に削除すべきである」[57]。

井上の九条削除論は、立憲主義を危うくする護憲派の欺瞞や偽善の原因が九条にあるからという理由だけではない。より重要なのは、自衛権の在りかについても自衛権の行使についても、憲法の問題ではなく、政治の問題とみなしたことにある。

井上はこう主張する。「平和主義・国際協調主義などの一般的原理を国政の指導原理として憲法が宣命するのはよいとしても、それを実現するための戦略として、非武装中立、

武装中立、集団安全保障体制への参加など、いずれが実効的かについての政治的選択は、民主的立法過程の討議に付すべきであり、この過程を通じた批判的再検討に開かれていなければならない」[58]。

第四章でも見てきたように、政治学から見れば当然のことではあるが、自衛権の在りかや自衛権の行使はすべて政治の問題である。本来安全保障政策は、憲法が決めるべき問題ではない。憲法が決めるべきは国家のあり方、それにまつわる安全保障政策の理念である。安全保障政策が政治の問題であるがゆえに、井上の言うように、「時々の情勢の変動に左右される政策選択を憲法に取り込んでしまうと、憲法自体が時々の政治力学の変動に翻弄され、立憲主義は形骸化されてしまうのである」[59]。安保法制の議論では、それが証明された。

しかし、憲法の理想を「平和主義・国際協調主義などの一般的原理」にとどめ、具体的な戦略を「民主的立法過程の政治的選択」にのみ委ねたとして、はたして民主的立法過程だけで、たとえば戦前のような軍国主義の復活に歯止めをかけることができるのかという疑問はある。そうした民主的立法過程に不信、不安を覚えるからこそ、護憲派は憲法の理想を常に掲げているのである。結局、護憲派の懸念の依って来る所以は、ＳＥＡＬＤｓが「民主主義とは何だ?」と問いかけたことでもわかるように、憲法ではなく日本の民主主義制度ということになる。民主主義制度に問題があるとすれば、安倍政権に問題があるのではない。安倍政権を選ぶような政治制度やとどのつまり有権者である国民に問題があることになる。マッカーサーがいったように、日本人の民主主義のレベルは依然として一二歳程度なのだろうか。

井上が提案するように、日本の立憲主義を救うために日本の平和主義を体現している九条を削除すれば、対外的には日本が平和主義の理念を放棄したと国際社会では受け取られ、日本がこれまで培ってきた平和大国のブランドを棄損しかねない。その意味で、九条削除論は教条護憲派同様に、意味合いが異なるが立憲主義という憲法の理想を追い求めており、安全保障政策の政治的選択という政治の現実とは切り結ぶことができない。

4　平和大国ドクトリンと憲法

護憲派がなぜ明文改憲派の解釈改憲を阻止できず、個別的自衛権、自衛隊、日米安保条約を容認し、護憲派の最後の防衛線であった集団的自衛権の限定的行使容認を阻止できず安倍ドクトリンに抗することができなかったのか。

†護憲派の蹉跌

それは反安倍の政治運動や平和教育、違憲裁判などの護憲運動の力が不足していたからではない。不足していたのは政治の現実に基づく護憲派の安全保障戦略である。護憲派は、憲法の理想のための安全保障政策は議論してきたが、政治の現実に沿った国民の自衛のための安全保障政策の議論を、厭戦感情、反戦意識、軍事忌避の心情からずっとないがしろにしてきた。その結果、護憲派には憲法の理想を語ることはできても、政治の現実に即した安全保障政策を論ずることができなかった。

戦後、政治の現実に即した安全保障政策の議論を忌避してきたつけだろうか、護憲派を含む一般の人々と改憲派が多い安全保障コミュニティの専門家との間の安全保障の知識の断絶はもはや埋めがたいものがある。戦後の軍事忌避の風潮は極論すれば、平和ボケと軍事オタクしか生まなかった。

冷戦時代には一般大学では自衛官の入学さえ認めないほど安全保障研究は忌避されてきた。しかし、冷戦後にはPKOはじめ国際協力活動への参加とともに安全保障研究の封印が解かれた。戦後半世紀にわたって事実上封印されてきた日本の安全保障研究ではあったが、六〇年代からアメリカ留学経験者を中心に研究が進み、封印が解かれた今では一部政治家、防衛・外務官僚、幹部自衛官、民間シンクタンク、防衛産業や大学の研究者等政・産・官・学を横断する安全保障コミュニティを形成するまでにいたった。

他方、今なお護憲派には軍事研究を忌避する者が多い。安全保障研究者がいたとしてもその多くは国際協力に関連して人間の安全保障を専門としており、軍事研究や国家安全保障の専門家はほとんどいない。そもそも、護憲派は安全保障コミュニティの人間と研究交流することすら忌避している。たとえば日本平和学会は今なお、会則第四条で「本会の研究成果が戦争目的に利用されるおそれのある機関あるいは団体に属するものは原則として入会できない」として、安全保障コミュニティにかかわりのある人間を排除する差別条項を堂々と掲げている。

こうした護憲派のイデオロギー的偏向を問題意識とし、安全保障コミュニティから護憲派平和主義者に対して、安保論争を挑んだのが、慶応大学教授細谷雄一の『安保論争』(ちくま新書、二〇一六)である。細谷は、穏健派保守派の若手論客として、前述した第二次安保懇のメンバーとして集団的自衛権行使に賛成の論陣を張ってきた。同書で細谷は、PKO法案の時の朝日新聞や毎日新聞の社説と今回の安保法制に対する両社の社説を比較しながら、二四年間の時を経ているにも関わらず、その主張がほとんど変わっていないことを指摘する。朝日、毎日の反対にもかかわらずPKO法案は通り、その後自衛隊は世界各地でPKO活動に従事し国際貢献を果たしてきた現実があるにも関わらず、である。朝日、毎日は今なお湾岸戦争当時の主張を正しいと考えているのか、だとすれば自衛隊の国際貢献は間違っていたのか。細谷は、欺瞞を振りまいたイギリスのリベラル派に憤ったジョージ・オーウェルを例に、日本の反安倍派の現実を無視した偽善を筆鋒鋭く批判する。

結局、反安倍派が安倍ドクトリンに抗することができなかった最大の理由は、反安倍の一般国民や護憲派と官僚、研究者、自衛官等との知識の質、量の圧倒的差にある。安倍ドクトリンが問うているのは安全保障政策であって、立憲主義や憲法の理念ではない。安保法制の議論では、憲法学者や政治学者が立憲主義や民主主義の視点から反対論を展開していたために、安全保障の研究者には議論に参加する余地は全くなかった。また護憲派には高齢者が多く、戦争といえば第二次世界大戦であり、戦艦といえば大和、戦闘機といえばゼロ戦しか思い浮かばない高齢者に現代の安全保障や兵器、軍事革命（RMA）について説明しても、抑止、勢力均衡などの基本概念はもちろん第二次世界大戦とは全く異なる現代戦の様相やITによる兵器の革命的進歩などほとんど理解できない。こうした知識の差が安全保障の国民的議論が熟さなかった理由の一つである。安保法制論議を通じて、熟議民主主義にはスローガンではなく国民に安全保障やメディア・リテラシーならぬセキュリティ・リテラシーの教育が必要であることが痛感された。

とはいえ、この知識の落差が生まれた原因には、厭戦感情、反戦意識から軍事問題を忌避してきた護憲派以上に官僚や研究者など安全保障専門家に責任がある。忌避、差別されてきた過去を振り返れば、やむをえなかったとはいえ、安全保障の専門家は安全保障コミュニティ内で仲間内の議論に終始し、専門用語、専門知識をわかりやすく国民に説明し、安全保障問題を国民的な議論とする努力を怠ってきた。また安全保障研究の多くをアメリカの研究に負ってきたことから、ともすればアメリカの視点にたって日本の安全保障を議論することが多かった。この意図せざる親米的研究志向もまた、反米意識の強い護憲派の感情的反発を招き、安全保障の知識を十分に説明できなかった原因の一つである。

†平和大国ドクトリンと憲法

こうした現状を踏まえ平和大国ドクトリンの憲法に対する基本的な立場は、吉田茂が夢見たように個人の自衛権を「国連」に譲渡することを究極の目標とし、現時点では、丸山眞男が主張するように、国民相互の自衛権の譲渡に基づく国民の自衛権に基づいて、国土防衛に徹する専守防衛の自衛隊を容認する。

軍隊の役割は、アメリカ軍のような国際秩序形成と、自衛隊のような国際秩序維持に大別できる。自衛隊は、戦前に新たな秩序形成に挑み惨憺たる敗北を喫した苦い経験から、平和主義の現状維持勢力として、専守防衛態勢をとり本土防衛に徹して現在の国際秩序の維持に貢献すべきである。秩序維持のための自衛隊は、いわば警察のような役割を果たしており、やがては個人の自衛権に基づく「国連」警察軍へと発展する可能性を秘めている。吉田が理想とした国連が実現するまで、専守防衛の自衛隊は国民の軍隊として九条も容認できる。

したがって筆者は、リベラル改憲派のように国土防衛を明記する明文改憲をすべきではないと考える。明文改憲をすれば、かえって国体すなわち国のあり方が変わったと国際社会から受け止められ、平和大国という日本のソフトパワーを棄損する恐れがある。つまり、憲法解釈においては、これまでの穏健護憲派や穏健改憲派の解釈改憲と同じである。安倍ドクトリンに抗するのは、集団的自衛権の憲法問題や立憲主義、民主主義の政治制度ではなく、あくまでも国家戦略としての平和大国ドクトリンである。

平和大国ドクトリンは安倍ドクトリンに抗するために、憲法のための安全保障政策ではなく、政治の現実のための安全保障政策を提案する。したがって平和大国ドクトリンは、井上や穏健護憲派が主張するように、憲法の理想としての平和主義・国際協調主義を国家の指導原理として、政治の現実の安全保障政策は政治的選択として憲法の理想と安全保障政策を分離し、安全保障政策は民主的手続きに従って決定すべきと考える。

民主的政治過程で安全保障政策を議論するために、安全保障に対する国民の関心や知識等セキュリティ・リテラシーを高める必要がある。幸いにも、「自衛隊を活かす会」のように穏健護憲派やリベラル改憲派が安全保障を熟議するためのプラットフォームを作りつつある。こうしたプラットフォームを中心に政治の現実に即した安全保障政策の論議ができることを期待し、そのための問題提起として、以下では平和大国ドクトリンの国家安全保障戦略を具体的に検討する。

第六章

平和大国ドクトリン

本章では、安倍ドクトリンに抗する新たな日本の国家戦略として平和大国ドクトリンを考えていきたい。

平和大国ドクトリンは憲法の理想である平和主義・国際協調主義を日本の国家アイデンティティとし、政治の現実においては自衛隊および日米同盟による専守防衛と九条部隊による国際平和支援活動を基本とする中級国家戦略である。アメリカが自由民主主義を、フランスが自由・平等・博愛を国家の理想として掲げるように、日本は平和と国際協調を国家の理想として掲げるのである。その上で、この理想の実現に向けて努力を重ねるのである。

九条の理想と自衛隊は矛盾するではないかとの批判がすぐさま聞こえてきそうである。たしかに理想はあくまでも理想であって現実ではない。そのことは、自由民主主義、自由・平等・博愛の理想がアメリカやフランスでどれほど達成できているかを見ればわかる。しかし、実現していないからと言って、理想を放棄をすれば、アメリカはアメリカではなくなり、フランスもまたフランスではなくなる。日本も同様に、平和主義・国際協調主義を放棄してしまえば、戦後七〇年以上にわたって築き上げてきた平和大国日本のブランドを捨て去ることになり、それはもはや日本とは言えない。だからこそ平和の理想を掲げ続け、その実現に向け政治的努力をすることが求められているのである。

たとえば日米同盟は将来的には二国間に限定しない開かれた同盟として、OSCE（欧州安全保障協力機構）のようなアジア・太平洋安全保障協力機構（OSCAP）へと発展させ、最終的には終戦直後日本が参加を夢見た国連の集団安全保障体制へと発展的に解消する。他方、自衛隊PKOに代えて日本の国際協調主義を国際社会で実践するために、かつて社会党が提案した「平和協力隊」に倣った民間PKOとでもいうべき九条部隊が国連と協力しながら紛争の予防、対処、平和構築に当たる。将来的には九条部隊は、現在国連が構想している個人の自由意思に基づく国連緊急平和部隊（UNEPS：UN Emergency Peace Service）へと発展的に解消する。日米同盟と自衛隊PKOの発展的解消が実現した時初めて個人の自衛権あるいは国民の自衛権の国連への譲渡という憲法の理想が政治の現実となる。

安倍ドクトリンのように憲法の理想を政治の現実に妥協させるのではない。逆に、政治の現実を憲法の理想に近づける不断の努力こそ、安倍ドクトリンに抗する平和大国ドクトリンである。

平和大国ドクトリンの安全保障政策の根幹は、平和主義・国際協調主義を国家アイデンティティとし、アメリカをはじめ自由民主主義の普遍的価値を共有する諸国家との協力の下、中級国家として既存の秩序の維持を担う、国民のための国家安全保障戦略である。

1 日本のアイデンティティ

日本国民のアイデンティティの根幹は平和主義である。その平和主義は、歴史平和主義と憲法平和主義からなる。歴史平和主義は「和を以て貴しとなす」との聖徳太子の一七条の憲法にまでたどることができる、伝統や歴史に基づく自生的、自然的で日本に特殊な平和主義である。他方憲法平和主義は、平和憲法に基づく人為による設計主義的、作為的で普遍的な平和主義である。この両平和主義が相まって初めて日本の平和主義を形成する。歴史平和主義なき憲法平和主義は洋学紳士君の「眼もまばゆい思想上の瑞雲」でしかなく、憲法平和主義なき歴史平和主義は東洋豪傑君の偏狭な愛国主義でしかない。

†日本の平和主義

「国家安全保障戦略」は、「我が国は、戦後一貫して平和国家としての道を歩んできた。専守防衛に徹し、他国に脅威を与えるような軍事大国とはならず、非核三原則を守るとの基本方針を堅持してきた」と、日本を平和国家と自己規定している。ところで平和国家の根拠として列挙されている専守防衛、非軍事大国、非核三原則は平和主義によって自己拘束した安全保障政策に過ぎない。平和国家の理由として問われるべきは、これらの安全保障政策の依って来る所以となる平和主義そのものである。

日本の平和主義の二本柱の一つである「和を以て貴しとなす」との歴史平和主義がいかに日本人の血肉となっているかを示すエピソードが『福翁自伝』にある。[60] 福沢諭吉が所有していたチェンバーの経済書に関心を示した徳川幕府の勘定方が、まずはその書籍の目次を読みたいと福沢に所望した。早速翻訳した目次を勘定方に見せると、「競争」という言葉を見とがめて、「イヤここに争いという字がある。ドウもこれが穏やかでない、ドンナことであるか」と福沢に尋ねた。福沢は「コンペティション」の訳であると説明した。しかし、勘定方は、「……何分ドウモ争いという文字が穏やかならぬ。これではドウモ御老中方へ御覧にいれることができない」と、納得しなかったという。[61] 結局福沢は、「競争」という言葉を黒く塗りつぶして、目次を渡したという。元和偃武以後の太平の気風なのか、あるいは四面環海の島国が育んだ「四海波静か」の心なのか、いずれにせよ、日本人には「和を以て貴しとなす」とのＤＮＡが根付いている。

もう一方の憲法平和主義について、護憲派イデオローグの一人である千葉眞国際基督教大学元教授は、「憲法平和主義の本質的内実を表現するもの」[62]として「非武装主義」「非暴力主義」「非戦主義」「戦争廃絶主義」を挙げている。これら憲法平和主義は、今なお理想でしかない。政治の現実を前に、自衛隊で武装する日本は「非武装主義」を実践しているわけではない。実戦には参加していないものの、朝鮮戦争、ベトナム戦争、湾岸戦争、アフガニスタン戦争、イラク戦争など多くの戦争に、資金や物資の提供、アメリカの後方支援などによって間接的に加担してきた。その意味で日本は「非暴力主義」、「非戦主義」「戦争廃絶主義」を裏切ってきた。

しかし、その一方で、憲法平和主義のゆえに日本の安全保障政策は他国と異なり極めて自己抑制的で、幸いにも戦後一度も実戦には参加しておらず、国際社会では戦争をしない国として知られている。

直接的には参加していなくても間接的には参加した、との反論はあろう。しかし、日本が湾岸戦争に間接的にではあれ参戦したことなど国際社会は知らない。不幸中の幸いにも、一三〇億ドルもの巨額の戦費を支出したにもかかわらず、終戦後クエートがワシントン・ポスト紙に出した多国籍軍への感謝広告に日本は含まれていなかった。またアフガニスタン戦争では他国軍艦艇に給油するために、戦地アフガニスタンから遠く離れたインド洋へ海上自衛隊の補給艦を派遣したことなどアフガン国民はもちろん世界中の一体誰が知っているだろうか。アフガニスタンのカルザイ大統領さえ知らなかったという証言もある。イラク戦争でも前線から離れた地方都市に、道路補修や施設建設のためにＰＫＯ部隊を送ったが、自衛隊の派遣を知る者は地元の人間以外誰もいないだろう。

戦争への直接参加を拒否したおかげで、日本は戦争をしない国とのイメージを国際社会に作り上げることができた。イメージだけではない。事実、敗戦国ドイツ、イタリアも含め先進国の中で第二次世界大戦以降実戦に参加していないのは日本だけである。

また歴史平和主義と憲法平和主義からなる日本の平和主義がいかに国家アイデンティティとして定着してきたか、二〇一五年八月一五日の終戦記念日での今上天皇の言葉に見ることができる。

「終戦以来既に七〇年、戦争による荒廃からの復興、発展に向け払われた国民のたゆみない努力と、平和の存続を切望する国民の意識に支えられ、我が国は今日の平和と繁栄を築いてきました。戦後という、この長い期間における国民の尊い歩みに思いを致すとき、感慨は誠に尽きることがありません」（傍線引用者）。「平和の存続を切望する国民の意識」とはまさに歴史平和主義であり憲法平和主義の意識である。そしてこの両平和主義を統合するのが、国民の象徴として憲法平和主義を代表し、聖徳太子のＤＮＡを受け継ぐ者として歴史平和主義を具現化する天皇である。天皇こそが「日本国の象徴であり日本国民統合の象徴」であると同時に日本国の平和主義の象徴である。

†平和大国ブランド

平和主義の理想を掲げ続け、国土防衛戦以外の実戦には参加しない国家安全保障戦略を取り続けることで、日本は平和大国としてのブランドを維持することができる。また日本が平和主義を国家アイデンティティとすることは、パリ不戦条約の精神を体現し、勢力均衡を政治の原則とする近代国家から法や道徳、倫理を基礎とする脱近代国家への歩みとして評価されるであろう。

カントは『永遠平和のために』で、「もっぱらある国家そのもののための自由と、それと連合した他の諸国家の自由とを維持し、保障すること」を目的とする平和連合を提唱する。「連合制度は次第にすべての国家の上に拡がり、そうして永遠平和へと導くことになろう」と期待していた。「なぜなら、もし幸運にもある強力で啓蒙された民族が一共和国（共和国は、その本性上、必然的に永遠平和を好むが）を形成することができたら、この共和国がほかの諸国家に対して連合的結合のかなめの役をはたす」[63]からである。平和主義を憲法の理想として掲げる日本こそ、「ある強力で啓蒙された民族」にもっとも近い位置にあり、「平和連合」を実現する国家となるよう平和を実践すべき歴史的使命を負っている。

カントが永遠平和を執筆して、二二〇年以上が経っている。にもかかわらず永遠平和への道のりは永遠に続くかのようである。しかし、カントが提言した「諸国家連合」は国際連盟として実現し、国際連合へと発展している。永遠平和に向けた歩みは鈍いが成果は着実に上がっており、これからもその歩みを日本はたゆまず推し進めていくべきである。日本はその歩みの先頭に立つ平和大国として、平和主義を国家のアイデンティティとして掲げ、永遠平和の実現に向け努力を続けていくべきである。

平和主義は、「国家安全保障戦略」が記している、我が国が掲げる「自由、民主主義、基本的人権の尊重、法の支配といった普遍的価値」と同様に、パリ不戦条約でも謳われた普遍的価値である。日本が、この平和主義という普遍的価値を堅持する限り、日本は他国に対する倫理的、道徳的優位に立つことができる。そしてその優位はソフトパワーとして政治的力になり日本を平和大国とする。だからこそ、平和大国のブランドを棄損しソフトパワーを減ずるような、安倍首相が『美しい国、日本』で描く、明治憲法で作為された「伝統的」国家像や新教育基本法改正による愛国心教育、靖国神社参拝そして憲法改正等に見られる「戦後レジームからの脱却」など、自民族中心の狭隘なナショナリズムを連想させる言動を安倍首相は厳に慎まなければならない。

また平和主義は、もちろん国際協調主義に裏付けられねばならない。なぜなら、カントに倣うなら、日本は「平和連合」を実現する国家として他国に平和を啓蒙する歴史的使命を負っているからである。その決意を我々は日本国憲法前文で「われらは、いづれの国家も、自国のことのみに専念して他国を無視してはならないのであつて、政治道徳の法則は、普遍的なものであり、この法則に従ふことは、自国の主権を維持し、他国と対等関係に立たうとする各国の責務であると信ずる」と、「他国を無視しない」との国際協調の決意を記しているからである。

それだけではない、平和は日本一国のものでもなければ、日本一国だけで達成できるものでもない。世界がグローバル社会として一つにつながっている現在、世界の平和は日本の平和でもある。他国と協力して世界の平和に貢献することこそ、日本が平和主義に基づく平和大国であることを世界中に知らしめる唯一の方法である。

歴史に裏付けられ、憲法が理想とする平和主義・国際協調主義を国家アイデンティティとする、政治の現実に即した国民の自衛のための安全保障政策は、安倍ドクトリンが志向している高姿勢の大国ぶる似非大国戦略ではなく、身の丈にあった中級国家戦略である。

2 日本の中級国家戦略

†中級国家日本の自覚

第二章で触れたが、大国とは世界秩序を形成できる国、中級国家とは形成された世界秩序を維持できる国、そして小国とは形成され維持された世界秩序に従属しかできない国のことである。

この定義に従えば、敗戦によって世界の大国から小国へと転落した日本は、アメリカの世界秩序に従属しかできなかった被占領時代の小国から、一九五一年に独立回復後アメリカの世界秩序を維持する中級国家へと発展していった。高度経済成長を経て中国が台頭する二〇〇九年まで日本は世界経済の秩序を形成する世界第二位の経済大国であり、アジアでは最強の海空戦力を保有し、日米同盟の下でアジアの地域秩序を形成する地域大国であった。世界では経済大国、アジアでは軍事大国であった日本がとった国家戦略が、低姿勢の大国ぶらない中級国家戦略である経済優先、軽武装の吉田ドクトリンである。

独立当時の五〇年代吉田ドクトリンは、憲法九条と日米同盟を二本柱とする対米従属の小国戦略であった。吉田ドクトリンが功を奏して六〇年代の高度経済成長を経て七〇年代には世界の経済大国、アジアの軍事大国になった。しかし、日本はアメリカの秩序を維持する役割を引き受け、基盤的防衛力に基づく専守防衛の大国ぶらない中級国家戦略をとった。その後の中国の台頭とともに今や日本は、国際社会はもちろんアジアにおいても秩序維持能力はあっても秩序形成能力のない文字通りの中級国家となってしまった。中国に優る大国という過去の幻影を捨て、中国の後塵を拝する中級国家日本という自覚を持った上で、日本は大国ぶる戦略ではなく国力にあった中級国家戦略を考えなければならない。

†ミドルパワー外交

かつて添谷芳秀慶応大学教授が『日本の「ミドルパワー」外交』で、大国とミドルパワー（中級国家）を次のように定義して、日本が取るべき「ミドルパワー」外交について提言を行ったことがある。

「「大国」と「ミドルパワー」の間の重要な相違は、物理的な国力の違いにあるというよりは、力をどのような影響力に転化できるかということにある。「大国」は、軍事力を最終的な拠り所として、いざとなれば自国の歴史観、価値観、利益をごり押しする外交に躊躇しない。それに対して「ミドルパワー」は、たとえ一定の力をもっていたとしても、「大国」のような一国主義は放棄し、「大国」が繰り広げる権力政治の舞台からは一歩身をひいて、「大国」外交には本来なじまない領域（たとえば多国間協力）においてこそ重要な影響力を行使できる」[64]。

要するに添谷は、大国は一国で秩序を形成する能力があるが、中級国家は大国が形成しない、いわば隙間の秩序を多国間協力すなわち国際協力で形成する能力のある国と定義する。この定義は、大国は秩序形成能力を持つ国、中級国家は秩序維持能力を持つ国という本書の定義とさほどの違いはない。中級国家は大国が不得手の領域で秩序を形成し、結果的に大国の秩序を維持する役割を負っている。

この定義を踏まえて添谷は日本が取るべきミドルパワー外交の柱として、国際社会においては「人間の安全保障」、アジア地域においては東アジア共同体の構築を提案する。

「冷戦後に日本外交が多くの労力と資源をつぎこみはじめた領域」[65]である「人間の安全保障」について、「国際安全保障への参画および国連常任理事国入りをめざす外交」の一環として、「人間の安全保障」を模索する日本外交の戦略論に取りこんでいくことが真剣に模索されてもよい」と述べ、「人間の安全保障」を国連外交の一手段ととらえている。国連常任理事国の仲間入りをすることで、日本が秩序形成に関与できる大国となることを添谷は期待しているようである。

また東アジア共同体に向け、日本は一国で大国的ふるまいを見せるのではなく、あくまでも日米同盟を基軸に自由、民主主義の価値観を共有するオーストラリア、ニュージーランドやASEAN諸国と協力しながら、アジア地域からアメリカを排除しようとする中国の市民社会に働きかけて、東アジア共同体を築いていくべきであると提言している。

こうしたミドルパワー外交を推進するにあたって、添谷は「大国間関係が規定する安全保障領域での外交スタンスが明瞭であることが、中間領域での主体的な外交を構築する大前提となる。まさにその意味で、日米安保関係は日本外交の柱なのである」[66]、日米同盟の重要性を強調する。

本書の中級国家戦略も、添谷が提言するミドルパワー外交とほぼ同じである。というよりも、政治の現実に即して考えれば日本の国家戦略としては、誰が考えてもほぼ同様の結論となる。

国際協調主義に基づき国際平和に貢献しようとすれば、日本の人的、物的能力から考えて「人間の安全保障」以外にない。だからこそ、「国家安全保障戦略」も「グローバルな安全保障環境」の課題の一つとして、また「開発問題及び地球規模課題への対応と「人間の安全保障」の実現」ではODAを通じた開発への対応として「人間の安全保障」への取り組みについて触れている。

ただし、「人間の安全保障」には紛争から市民を「保護する責任」と人々の能力を「開発する責任」の二つの任務があるが、添谷も安倍ドクトリンも、いずれを重視するか、あるいは両方か、必ずしも明確ではない。現在の国連PKOが「保護する責任」に軸足を移しつつあることを考えると、南スーダンのような内戦が継続している地域に派遣されている自衛隊PKOは、安保法制で新たに付与された駆けつけ警護を契機に本格的な紛争に巻き込まれる可能性がある。戦闘に巻き込まれれば、戦争をしないという日本の平和大国イメージを損ないかねない。

それを避けるためにも、筆者は「人間の安全保障」こそ、自衛隊ではなく、民間PKOの九条部隊が担うべきと考える。平和のために「開発する責任」だけではなく、非武装の九条部隊が「保護する責任」をも担うのである。しかもその目的は、添谷が期待するような日本の国連加盟のためではなく、まさにホッブズの問題意識であった個々の「人間の安全保障（Particular Security）」のためであり、日本の平和主義・国際協調主義の実践のためである。

日本が戦前からの大国イメージを払しょくできず大国ぶる振る舞いをしがちなのがアジア政策、とくに対中政策である。日本は一八九五年の日清戦争勝利から二〇一〇年まで、連合国による被占領時代の一時期を除き、アジア随一の大国としてふるまうことができた。しかし、「序章」でも述べたように、経済、軍事のいずれにおいても、アジアの大国の座は中国に明け渡してしまった。将来日本がその座を奪い返すことは、中国が自壊でもしない限り不可能である。にもかかわらず、政府ばかりか一般の国民に至るまで、民族的な対中優越意識、その裏返しとしての対中贖罪意識を抱き続け、いずれも対中大国意識が抜けない。日本は、中級国家という等身大の己が姿を自覚したうえで、東アジア外交、とりわけ対中政策を展開する必要がある。

添谷が提案する東アジア共同体論は、まだ日本がアジアでの大国の地位にあった二〇〇〇年代の前半に流行した外交の考え方である。それは日本では、あくまでもアジアの大国日本の主導の下で日中韓の連携を強化しようとする、明治時代の樽井藤吉の大東亜合邦論を連想させる構想であった。しかし、力関係が、日中間では逆転し日韓では縮小すると、中国はもちろん韓国も両国民の間に鬱積した積年の反日感情が噴出し、東アジア共同体構想は有名無実化してしまった。もはや勢力が均衡しない三国間で三国対等な共同体ができることはないだろう。共同体ができるとすれば、中国の冊封体制下で日本や韓国が中国の朝貢国家になり、華夷秩序が生まれる時である。

†基軸としての日米同盟

添谷も「国家安全保障戦略」も指摘する通り、対中国政策を含めアジア政策は日米同盟を基軸に展開していく必要がある。日米同盟を両国に限定した排他的二国間同盟とするのではなく、まずは日米同盟を基軸とし、その日米同盟をＡＳＥＡＮ諸国やオーストラリア、ニュージーランドさらにはインドをも包含する他国に開かれた包括的二国間同盟に拡大し、その上で中国をも取り込んでアジアにおける最終的にはＯＳＣＥ（欧州安全保障協力機構）の地域集団安全保障体制のようにアジア・太平洋安全保障協力機構（ＯＳＣＡＰ）へと発展させていく。そのためにはアメリカが中国との間で覇権分有やアジアから撤退などしないように日米同盟を強化しなければならない。そのとき日本の役割はあくまでも脇役であり、主役であるアメリカを支援していく必要がある。それは決して対米従属の小国戦略ではなく、あくまでもアメリカの秩序形成を維持する中級国家の主体的外交である。

しかし、過去の日本のアジア政策は、日米同盟での主体性、対米自立性を確保するために、大国意識に基づきアジア諸国の指導国としての地位を確立しようとしてきた。

かつて岸信介は、一九五七年二月の首相就任後に、六月の初の訪米に備えて東南アジア六カ国（ビルマ、インド、パキスタン、セイロン、タイ、台湾）を訪問した。その理由を岸は「……現職の総理がアメリカに行くその前に、東南アジアを回って、とにかく「アジアの日本」というものをバックにしたいという考えがあったんです」[67]と答えている。日本はアジアの大国、アジアの指導国としての気概をアメリカに示そうとしたのであろう。

安倍首相も岸同様に、二〇一三年一月、第二次政権になって初の訪米の一カ月前にベトナム、タイ、インドネシアを訪問している。この訪問時、ASEAN外交五原則「開かれた、海の恵み――日本外交の新たな五原則」を公表した。

この「安倍ドクトリン」は、第一に軍事大国にならない、第二に相互信頼関係を築く、第三に「対等な協力者」の立場に立つとの一九七七年の「福田ドクトリン」（東南アジア外交三原則）を再確認した上で、暗に中国を牽制し、「自由、民主主義、基本的人権等の普遍的価値の定着及び拡大」や「「力」でなく「法」が支配する、自由で開かれた海洋」の安全保障でASEAN諸国との協力を謳っている。そして、まるで日本がアジアの指導国となったかのように「米国のアジア重視を歓迎する」とアメリカのリバランス政策を評価している。

しかし、日本がアジアの指導国として振る舞えるのは、アメリカの後ろ盾があるからである。そのアメリカの後ろ盾を無視し「戦後レジームからの脱却」に基づいて日本が大国ぶるアジア外交をとれば、ＡＳＥＡＮ諸国、中国、韓国などアジア諸国はもちろん、アメリカからの反発で日米同盟は危殆に瀕する恐れがある。日米同盟あってのアジア外交であり、大国ぶるアジア外交あっての日米同盟ではない。

3　日米同盟

上述のように、中級国家戦略の基軸は日米同盟である。日本の現実的な外交政策は、現時点で親米政策以外にない。

仮に親中政策を取れば、民主党の鳩山由紀夫政権のように、アメリカとの対立を招く恐れがある。アメリカにとって日本が親中政策を取れば、アメリカの世界戦略の拠点の一つである在日米軍基地を失い、西太平洋以西中東、アフリカ地域東岸までの広大な地域の覇権を失うことになる。アメリカが世界の覇権国であろうとする限り、日本が親中政策を取れば、アメリカとの対立は避けられない。

仮に日本が親中政策をとっても日米間に対立がなければ、それは米中間で中国のいう

「新型の大国関係」が成立してアメリカが日本の中立政策を許容するか、アメリカが孤立主義をとり日本への関心を失う時である。いずれの場合も日本は親中政策とは名ばかりの対中従属政策を取らざるを得ず、中国への属国化は免れない。

また属国化を避けて自主独立の中立政策を取ろうとすれば、武装中立か非武装中立である。武装中立の場合には北朝鮮のような核武装かスイスのような国民皆武装のいずれかになる。たしかに日本は、核兵器の原料のプルトニウムを大量に保有し、ミサイルに転用可能な固体燃料ロケット技術もあり潜在的核兵器保有国である。とはいえ核武装を決断したとしても実戦配備に至る数年の間に国際社会からの苛烈な制裁で国家が破綻するかもしれない。他方、スイス型の国民皆武装は平和に慣れ親しんできた国民が受け入れないだろう。また非武装中立の場合は、第四章で述べたように、個人の自衛権に基づく個人武装を認める必要がある。いずれも現実的ではない。

一方でアメリカも日米同盟維持政策以外にない。アメリカが覇権国であり続けようとする限り、そのためにアジア回帰のリバランス政策を取ろうとする限り、アメリカは政治的、経済的に重要な同盟国そして軍事的に重要な在日米軍基地を手放すことはできない。アメリカが日米同盟を破棄するときは、アメリカが覇権国の地位を放棄して、米中共同覇権か中国単独覇権を容認したときである。

結局日米両国は、日米同盟を堅持していく以外に現実的、合理的な選択肢はない。日米は同盟成立後初めて対等な戦略的相互依存関係に立ったといってもよい。日米ともに相手なしでは繁栄はおぼつかない。日本にとって懸念すべきは、共和党大統領候補者ドナルド・トランプのような指導者が現れてアメリカが心変わりし、日本との縁を切ったり中国と野合することである。だからと言って、安倍ドクトリンのように積極的対米貢献をしたとしても、まさかの時のアメリカの心変わりを防ぐことができるとは限らない。過剰な対米信頼は禁物である。一九七一年七月の米中和解のニクソン・ショックで国家間に友人はいないということを日本国民は身にしみて感じたはずだ。国家は恩義ではなく国益で行動する。日本は、自国の国益のために日米同盟を利用し、結果的に日米両国がウイン・ウインとなる日米関係を築く必要がある。

そのために日本は国土防衛という国益に基づいて、グローバル安保にまで拡大してしまった日米安保を、政治の現実に即して国土防衛と対中、対北朝鮮抑止のために極東に限定した本来のローカル安保に再々定義する必要がある。日本の国土だけではなく在日米軍基地も防衛するローカル安保は、アジアへのリバランス政策をとっているアメリカの国益にもかなう。

†グローバル安保への拡大の歴史

国家安全保障戦略は日米同盟の役割について、「今後、我が国の安全に加え、アジア太平洋地域を始めとする国際社会の平和と安定及び繁栄の維持・増進を図るためには、日米安全保障体制の実効性を一層高め、より多面的な日米同盟を実現していく必要がある」（傍線引用者）と記している。このように日本の国土防衛のためであったはずの日米安保体制は、今ではアジア太平洋地域から国際社会の平和と安定及び繁栄の維持・増進にまで、その地域と役割が拡大している。

日米安保の領域が極東地域からアジア太平洋にまで拡大し、ローカル安保からリージョナル安保に再定義されたのは、一九九五年二月にジョセフ・ナイを中心に執筆された「東アジア戦略報告」いわゆる「ナイ・レポート」である。そしてこの「ナイ・レポート」を受けて、一九九六年四月の「日米安全保障共同宣言」で日米安保の再定義が行われた。

その目的は、要するに地域的には極東地域に限定されていたローカルな日米安保体制を東アジア・太平洋地域のリージョナルな安全保障体制とすること、そして日米安保の役割を、ソ連という特定の脅威に対処する脅威対処の同盟から、不特定の脅威を管理する危機管理の同盟に変えることにあった。「日米安全保障共同宣言」は、日米同盟が対応すべき地域や脅威についてこう分析している。

「冷戦の終結以来、世界的な規模の武力紛争が生起する可能性は遠のいている。……しかし同時に、この地域（アジア太平洋地域）には依然として不安定性及び不確実性が存在する」（括弧内引用者）。日米同盟が対象とする地域は、アジア太平洋地域にまで拡大された。「不安定性及び不確実性」の具体例として、「朝鮮半島における緊張」「核兵器を含む軍事力の集中」「未解決の領土問題」「潜在的な地域紛争」「大量破壊兵器及びその運搬手段の拡散」などの不特定の脅威を指摘している。

こうして日米安保は再定義され、アジア太平洋地域にまで対象領域を拡大すると同時にソ連の脅威に対処する脅威対処の同盟から「不安定性及び不確実性」を管理する危機管理の同盟に変質した。

再定義の背景には、冷戦の終焉でソ連という脅威が消失し、脅威対処の日米安保が機能不全に陥り、日米同盟が「漂流」し始めたという事情があった。「ナイ・レポート」でアメリカは、「日米同盟は米国の対アジア安全保障政策の要」であると日米同盟の重要性を強調し、日米安保体制をアメリカのアジア太平洋戦略の一部に組み込んだのである。そのアジア太平洋戦略はアメリカの一極世界を前提とした世界戦略の「関与と拡大戦略」の地域戦略であり、結果日米安保体制はアメリカの世界戦略の一部として再定義されることになった。

そして二〇〇一年九月一一日の同時多発テロを契機に、アメリカの世界戦略に応じてリージョナル安保はグローバル安保へと拡大した。

二〇〇一年六月にブッシュ（Jr.）と首脳会談を行い、個人的な信頼関係を築いていた小泉純一郎首相は事件翌日の一二日には「我が国は、米国を強く支持し、必要な援助と協力を惜しまない決意」を表明し、アメリカへの協力を申し出た。この日を境に、日米同盟は対テロ同盟へと変質していった。それは、一九九六年の「日米共同宣言」で再確認した「両国の政策を方向づける深遠な共通の価値、即ち自由の維持、民主主義の追求、及び人権の尊重に対するコミットメント」の実践を求められたからである。

アメリカの要請を受けて小泉内閣は、一九九九年五月に北朝鮮危機に対応して制定された「地理的なものではなく、事態の性質に着目した」周辺事態安全確保法をさらに拡大解釈したかのような、テロを「日本の平和と安全に重要な影響を与える事態」とみなすテロ特措法を事件直後の二〇〇一年一一月に施行して対米協力をしたのである。このテロ特措法による対米協力は日米同盟の対テロ同盟化であり、日米同盟のグローバル化を物語るものであった。

その後、日米同盟のグローバル化を公式文書で確認したのが、二〇〇五年一〇月の「日米同盟：未来のための変革と再編」である。

同報告書は冒頭で「日米安全保障体制を中核とする日米同盟は、日本の安全とアジア太平洋地域の平和と安定のために不可欠な基礎である。同盟に基づいた緊密かつ協力的な関係は、世界における課題に効果的に対処する上で重要な役割を果たしており、安全保障環境の変化に応じて発展しなければならない」（傍線引用者）と記している。ここにおいて日米同盟の役割が改めてローカルな「日本の安全」、リージョナルな「アジア太平洋地域の安定」そしてグローバルな「世界における課題」のために必要と定義されたのである。そして米軍とともに自衛隊の具体的な役割として、従来の「日本の防衛及び周辺事態への対応（新たな脅威や多様な事態への対応を含む）」とともに「国際平和協力活動への参加をはじめとする国際的な安全保障環境の改善のための取組」と、初めて明確にグローバル安保への貢献が明記されたのである。

†ローカル安保への再々定義を

現在、グローバルな情勢は小泉政権時代とは激変した。アメリカはアフガニスタン戦争、イラク戦争で敗退し、往時の勢いを失ってしまった。ＩＳが跳梁跋扈する中東はまさにカオスである。中東の無秩序の余波を受けて難民問題やＩＳのテロでＥＵも混乱している。

他方、日本を取り巻くローカルな情勢もまた激変した。北朝鮮の核武装、中国の軍事力増強や南シナ海への進出など、いずれも小泉政権時代とは比べものにならないくらい脅威は高まっている。ローカルな脅威に直面する日本にはグローバル安保で危機に対応する経済的、軍事的余裕はない。日本は原点に戻って中国の軍事力や北朝鮮の核の脅威などローカルな情勢に対応するために、日米安保を危機管理のグローバル安保から脅威対処の国土防衛のためのローカル安保として再々定義すべきである。

日米安保の再々定義は、二〇一二年一月に公表された「国防戦略指針（Defense Strategic Guidance: DSG）」でアジアへのリバランス戦略を明確にしたアメリカにとっても有用であろう。リバランスすなわち中東での対テロ戦争よりも、台頭する中国との覇権闘争に対抗するために戦略の重心をアジアに移す戦略である。中国の南シナ海や東シナ海などアジアの海洋への進出や国際法を無視した領有権の主張は、海洋国家アメリカの自由航行の国益と真っ向から対立する。その意味で同じく海洋国家である日本が日米同盟で果たす役割は大きい。

日本がローカル安保でアジア地域の平和と安定を維持することが、結局は、グローバル社会の平和と安定に寄与することになる。今、東アジアで騒乱が起きれば、中東、ＥＵと共に世界中が混沌と無秩序に陥ってしまう。何よりも重要なのは、「我が国の安全」の確保であり、それが「アジア太平洋地域を始めとする国際社会の平和と安定及び繁栄の維持・増進」のための唯一の方策である。それには、狐の軍事戦略しかない。

4 狐の軍事戦略

平和大国ドクトリンの軍事戦略は、虎の威を借る大国ぶる軍事戦略ではなく、狡知に基づく狐の軍事戦略である。狐の軍事戦略は、前述したように憲法解釈は現行のまま、専守防衛と九条の実践の二本柱からなる。専守防衛のためだけの自衛隊による武力行使を認める一方、自衛隊PKOに代えて民間PKOの九条部隊による国際平和貢献を実践する。要するに狐の軍事戦略とは、国内に対しては政治の現実にそった専守防衛、国外に対しては憲法の理想にそった九条の実践である。

†狐の専守防衛

第一章で見てきたように、安倍ドクトリンは虎の威を借る大国ぶる軍事戦略をとり、ローカル安保に基づく国土防衛の専守防衛態勢からグローバル安保に基づき「アジア太平洋地域を始めとする国際社会の平和と安定及び繁栄の維持・増進」のための集団防衛に舵を切った。平和大国ドクトリンの軍事戦略では日米同盟を再々定義し、グローバル安保の集団防衛からローカル安保の専守防衛に舵を切りなおすべきだと考える。

†専守防衛とは

その前に、改めて専守防衛とは何かについて確認しておく。

第一章でも取り上げたが、二〇一〇年度『防衛白書』によれば、「専守防衛とは、相手から武力攻撃を受けたときにはじめて防衛力を行使し、その態様も自衛のための必要最小限にとどめ、また、保持する防衛力も自衛のための必要最小限のものに限るなど、憲法の精神にのっとった受動的な防衛戦略の姿勢をいう」と定義されている。必要最小限とは何か、受動的とは何かなど曖昧模糊とした概念が多く、それだけに専守防衛をどのように定義するか、専守防衛の定義は千差万別である。

防衛省が専守防衛を exclusively defense-oriented policy と訳していることでもわかるように、専守防衛は、軍事合理性に基づき演繹的に導きだされる戦略的守勢のような軍事戦略とは異なり、前述の等雄一郎が分析するようにむしろ時々の状況に対応して決定される政策である。したがって、専守防衛の名目は同じでも、状況の変化によって内容は時代によって変化する。だからこそ、国際情勢が変化しているにもかかわらず、五一大綱以降、〇七大綱、一六大綱、二二大綱、二五大綱がいずれも一貫して専守防衛を掲げることができるのである。

専守防衛の定義が不明確なためか、一部には、専守防衛を単独自主防衛と勘違いしている人が見受けられる。専守防衛は日米同盟を前提とする防衛政策であり、単独自主防衛とは全く異なる。前述したように、そもそも専守防衛は、第一章で記したように一九五五年に杉原荒太防衛庁長官が、「集団防衛の関係にある国の支援があるまでの期間、日本が独自に国を守る」という意味で使った言葉である。つまり日米同盟が前提となって、アメリカが槍、日本が盾となる国土防衛態勢である。専守防衛は決してスイスのような単独自主防衛ではない。

専守防衛の目的は、本来、「限定的かつ小規模な侵略」に日本単独で有効に対処する能力を保有し、この対処能力に基づく「拒否的抑止」で日本を防衛することにある。他方、「限定的かつ小規模な侵略」以上で日本が単独で対処できない侵略に対しては、アメリカの対処力および核抑止を含む拡大抑止に依存する。

†成立要件

したがって専守防衛の成立条件は、第一に「限定的かつ小規模な侵略」に有効に対処する軍事能力、第二に日米同盟の信頼性である。

冷戦時代、「限定的かつ小規模な侵略」をする国はソ連が想定されていた。ソ連が「限定的かつ小規模な侵略」をしても、それは米ソの覇権争いの一環であり、常に米ソの対立にエスカレートする危険性をはらんでいたからこそ、「限定的かつ小規模な侵略」が抑止できた。しかし、中国による尖閣諸島への「限定的かつ小規模な侵略」があっても、それが日中の領土問題にとどまる限り、必ずしも米中の対立にエスカレートしない恐れが出てきた。アメリカは他国の領土問題に関与しないことを原則としているからである。アジアにおける軍事大国であった過去とは異なり日本の軍事力の現状は、中国の「限定的かつ小規模な侵略」に対処する能力さえおぼつかない。白熊に吠え立て虎の加勢を誘うことができた狐も、襲いかかってくる巨竜には単独では対抗できない。問題は対処力の不足をいかに補うかである。

そこで狐が身を守るには、「番犬様」ならぬ虎の威（抑止力）だけではなく牙（対処力）を借りる必要がある。安倍ドクトリンでは、虎の牙を借りるために集団的自衛権の行使を認め、日米防衛ガイドラインを定め、日米の共同交戦能力を高めて不足している対処力を補う。政治の現実、軍事の合理性に即す限り、安倍ドクトリンであれ平和大国ドクトリンであれ、虎の牙を借りる以外に巨竜から狐が身を護る術はない。問題は、はたして虎が牙を貸してくれるかどうかである。

†集団的自衛権

平和大国ドクトリンでも、安倍ドクトリンと同様、「限定的な集団的自衛権」を認め、日米の防衛協力は強化すべきと考える。第一章で詳しく論じたが、集団的自衛権の違憲、合憲、閣議決定による解釈変更など、憲法や行政の問題ではなく、安全保障の視点から判断する限り、集団的自衛権行使を含む新たな「武力行使」の三要件は、いずれも個別的自衛権の範囲内である。より厳密には、国民の自衛権の発動である。

第一要件は、以下のように規定されている。「我が国、または我が国と密接な関係にある他国に対する武力攻撃が発生し、これにより我が国の存立が脅かされ、国民の生命、自由及び幸福追求の権利が根底から覆される明白な危険があること」（傍線引用者）。

「我が国の存立が脅かされ」というわゆる存立危機事態は、国民の存立が脅かされる時であり、集団や個別に関わりなく、国民の自衛権が発動されるのは当然である。問題は、「存立危機事態」の定義である。「存立危機事態」を文字通りの意味に解釈すれば、国家および国民にとっての「最高緊急事態」であり、国際司法裁判所でも「最高緊急事態」では核兵器の使用は合法とも違法とも判断ができない事態である。

ところが「存立危機事態」はいかようにでも解釈可能で、政府は中東ホルムズ海峡の機雷封鎖による石油の途絶、公海上で弾道ミサイル対応にあたる米艦の防護など、およそ「最高緊急事態」でもないような事例を挙げている。むしろ本音は、「存立危機事態」という曖昧な言葉を使うことで、集団的自衛権を自由に行使することにあるのだろう。平和大国ドクトリンでは、こうした曖昧さを排し、「存立危機事態」を国民にとっての「最高緊急事態」ととらえるべきと考える。

第一要件のもう一つの問題は、「我が国と密接な関係にある他国に対する武力攻撃」の解釈にある。「我が国と密接な関係にある他国」とは同盟関係にあるアメリカだけなのか、アメリカを通じて準同盟関係にある韓国をも含むのか、単にオーストラリアやフィリピンなど友好関係にある国も含まれるのか。また「密接」の意味合いが曖昧で、「密接」の解釈次第では「他国」が限りなく増えてしまう。そこで、平和大国ドクトリンの専守防衛は、「他国」を同盟国アメリカに限定する。

その上で、再々定義したローカル安保に基づき、「他国に対する武力攻撃」が発生した地域を、日本周辺に限定する。より厳密には国土の直接防衛のための日米両軍の共同交戦能力（Cooperative Engagement Capability）に基づく作戦地域内に限定する。共同交戦能力のために軍用ネットで日米両軍が事実上一体化している以上、仮に自衛隊が武力攻撃を受けていなくても米軍に対する攻撃は日本に対する攻撃とみなし、国民の自衛権の行使として自衛隊の武力攻撃を認める。

†地理的範囲

自衛隊の活動領域はローカル安保時代の日米同盟の範囲内である極東地域に、自衛隊の武力行使の範囲は領土、領海、領空の国土に限定する。この地理的条件には、おそらく護憲派で専守防衛を主張する人のほとんどが賛同するであろう。

「周辺事態安全確保法」に代えて制定された「重要影響事態安全確保法」では、これまで「周辺事態安全確保法」で「我が国周辺の地域」に限定されていた米軍との協力が、地理的制限が外され日米の軍事協力が地球上どこでもできるようになった。さらに自衛隊法が改正されて在外邦人等の保護が付け加えられ、新設の「国際平和支援法」で他国軍隊への後方支援が可能となるなど、国土防衛に限定されていた元来の専守防衛とはまったく異なり、国土を超えて自衛隊の活動範囲が拡大している。この自衛隊の能力を超えた海外派兵こそが、能力以上の力を誇示しようとする安倍ドクトリンの大国ぶる戦略である。

自衛隊には、航続距離約四〇〇〇キロのC130が一四機、一七〇〇キロのC1が海空あわせて二七機、おおすみ型輸送艦が三隻しかない。これまで国土防衛に徹するための装備調達を行ってきたために、自衛隊には国外へのパワープロジェクション能力はほとんどない。今後、安保法制で想定するようなグローバルな役割を自衛隊に期待するなら、戦闘力やパワープロジェクション能力の向上など軍拡は必須である。それこそ、平和国家という日本のブランドを棄損するだけでなく、周辺国の軍拡を誘引しかねない。

したがって、国連ＰＫＯをも含めて自衛隊の海外派兵は一切禁ずるべきである。国際社会への貢献は自衛隊ではなく、民間ＰＫＯの九条部隊が行えばよい。また国民は、非武装非暴力を主張する洋学紳士君に倣い、憲法の理想に殉ずる覚悟をもって自己犠牲を引き受け、自衛隊による在外邦人の保護や弾道ミサイルに対する先制自衛の策源地攻撃など国外での武力行使に反対し、あくまでも武力の行使は原則領土、領海、領空の国土に限定すべきである。

日中戦争の発端が在外居留民保護であったことを考えれば、安倍ドクトリンに抗する国民なら、ましてや非暴力主義を主張する護憲派ならなおのこと、自衛隊による在外邦人保護は自ら峻拒すべきである。また弾道ミサイル攻撃も、通常弾頭ならせいぜい一トン程度の炸薬しか搭載できず、イラン・イラク戦争や湾岸戦争でのイラクによるスカッド・ミサイル攻撃を見てもわかるが、被害は多くても数十人程度の死者と限定的であり、護憲派、平和主義者なら受忍の範囲内である。

核ミサイル攻撃に対しては、アメリカの策源地攻撃能力や抑止力に頼る以外にない。しかし、第二章で記したが、アメリカの核の傘は破れ傘である可能性が高い。またアメリカの策源地攻撃は先制自衛攻撃になり、その行使には国際法上疑義がある。したがって、万一の時国民は、平和大国の国民として、そして護憲派は非暴力主義者として、憲法九条に殉じて核ミサイル攻撃を甘受し、洋学紳士君のごとく従容として死を受け入れる覚悟を持つべきである。

洋学紳士君の言葉を思い浮かべてみよう。

東洋豪傑君が、われわれが軍備を撤廃したのに付け込んで、狂暴な国が襲撃したらどうするかと、洋学紳士君に問うたところ、洋学紳士君はこう答えた。「私は、そんな狂暴な国は絶対ないと信じている。もし万一、そんな狂暴な国があったばあいは、私たちはそれぞれ自分で対策を考える以外に方法はない。ただ私の願いとして、私たちは武器ひとつ持たず、弾一発たずさえず、静かに言いたいのです……さっさとお国にお帰りください』と。彼らがなおも聞こうとしないで、小銃や大砲に弾をこめて。私たちをねらうなら、私たちは大きな声で叫ぶまでのこと、『君たちは、なんという無礼非道な奴か。』そうして、弾に当たって死ぬだけのこと」[68]。この洋学紳士君の覚悟なくして護憲派は安倍ドクトリンに抗することはできない。

†日米同盟

専守防衛のもう一つの成立条件は、日米同盟の信頼性である。前述したように、アメリカはこれまで以上にリバランス政策で日本を必要としており、日米同盟は強化されている。たしかにアメリカが単独覇権主義をとっていたころは、アフガニスタン戦争、イラク戦争の時のように同盟国としてアメリカを支援しなければ日米同盟の信頼性や抑止力が失われる可能性はあった。しかし、今や日米両国の国益に基づき日米同盟はこれまで以上に盤石になっている。

国家が国益に基づく限り、同盟を維持するか否かは冷徹な国益の計算に依拠する。お印程度にもアメリカを支援しなかったから日米同盟は終わりというのであれば、それは日米同盟が「血盟」という情緒に左右される程度の関係でしかないということである。また共和党大統領候補ドナルド・トランプが、在日米軍の駐留費を払わなければ米軍は撤退すると発言したが、それはアメリカ自らが米軍は日本の傭兵や「番犬様」であることを認めたことになる。真の同盟は、情緒や金銭ではなく、国益に基づく。

トランプに対する国務省の反論でもわかるが、日米同盟は単なる国民感情を超えて日米相互の国益に基づいて存立している。日米同盟は、日本にとっては国土防衛のために、アメリカにとってはアジアにおける覇権を維持するために、さらには自由・民主主義体制の擁護という共通の国益のために必要不可欠である。グローバル安保で米軍に直接協力しないからといって、日本がローカル安保で協力する限り、日米同盟が破綻することはない。その意味では安倍ドクトリンは、過剰なまでの対米貢献でアメリカの対日関与を取り付けようとしている。

とはいえ今後とも日米安全保障協議委員会や日米防衛ガイドライン等で戦略、戦術レベルで日米同盟を維持、強化する、つまりはアメリカを日本の国土防衛に巻き込む努力は必要である。というのも、「限定的かつ小規模な侵略」以上の本格侵攻にはもちろん、現状では自衛隊単独で「限定的かつ小規模な侵略」に対処することも難しく、虎の牙すなわち米軍の対処力が必須だからである。

冷戦時代に想定されていた「限定的かつ小規模な侵略」とは対米戦の一環としてのソ連の小規模な着上陸作戦であった。日本の自衛隊がトリップワイヤー（仕掛け線）的な役割を果たし、日本を攻撃すれば必ず日米同盟に基づいて米軍の出動を促すことが目的であった。米軍にとって日本に対するソ連の「限定的かつ小規模な侵略」は、冷戦の論理の中ではアメリカに対する攻撃と同義である。自衛隊は米軍の本格的な反攻までソ連の侵略を耐え忍ぶ基盤的防衛力で事足りた。

他方、現在想定されている「限定的かつ小規模な侵略」とは、中国の尖閣諸島への攻撃である。この領土問題は直接的には日中間の問題ではあっても、米中問題ではない。アメリカは基本的には他国の領土問題には直接関与しない姿勢を明確にしている。ましてや「小さな岩」でしかない尖閣諸島の防衛は、直接アメリカの国益とはならず、表向き中立の立場をとる可能性が高い。尖閣問題は米中戦争のトリップワイヤーにはならない。

たしかに米国議会は二〇一二年一二月の国防権限法で尖閣諸島が日米安保条約第五条の対象地域であることを宣言している。しかし、日米安保が発動されるには日本に対する武力攻撃が前提である。武力攻撃には至らない、いわゆるグレーゾーン事態が起きた場合は、日本が単独で対処しなければならない。仮に対日武力攻撃があったとしても安保条約第五条「自国の憲法上の規定及び手続に従って」アメリカが決定する。したがって米軍が武力を発動するかどうかは、不確かである。

前述したように、日中間の軍事力の差は開く一方で、今でも日本単独での対処は困難である。将来的には尖閣防衛には情報だけでなくどうしても米軍の軍事力が必要となる。では、どうすれば、「小さな岩」のためにアメリカに武力行使の危険を冒す覚悟を強いるかが日本の戦略の胆となる。

安倍ドクトリンは、積極的対米貢献と引き換えに尖閣防衛をアメリカに約束させようとしている。つまり日本は、グローバル安保としての日米同盟を強化しアメリカに貢献することと引き換えに、国土防衛とは直接関わりのない紛争、つまりアメリカに「小さな岩」である尖閣を防衛してもらおうとしている。しかし、これは国益ではなく、アメリカの恩義を期待した戦略である。アメリカに恩を売ったからといって、必ず恩を返してもらえるとは限らない。繰り返すが、国家は恩義ではなく、国益に基づいて行動する。

アメリカを確実に尖閣防衛にコミットさせるには、尖閣防衛がアメリカにとっての核心的利益となることを納得させる必要がある。そのため、日本は尖閣問題を日中間の領土問題から、米中間の勢力圏争いへと転化し、尖閣諸島の防衛を単に日本固有の領土問題や日米同盟の象徴とするのではなく、アメリカの直接的な国益に係る問題とすべきである。中国の勢力圏の拡大を阻止するために、アメリカの専門家の中には、アメリカン・エンタープライズ研究所マイケル・オースリン日本研究部長のように、尖閣の周辺水域に対中封じ込めの「不可侵のレッド・ライン」を引くことを提言する者もいる[69]。この勢力均衡概念や地政学的観点から尖閣諸島を米中の勢力圏争いのフラッシュ・ポイントにすることができれば、日米両国にとって尖閣防衛は国益に基づく戦略となる。

ではいかにして、日米は尖閣防衛戦略を共有できるかである。その前提こそが、前述した、日米安保の再々定義の論理である。ローカル安保でアジア地域の平和と安定を維持することが、結局は、グローバル社会の平和と安定に寄与することになる、との論理でアメリカを説得することである。尖閣諸島は今や日中間の領土問題ではなく、南シナ海の自由航行問題と同様に、中国の力による秩序の変更を阻止し法に基づく国際秩序を維持できるかどうかの試金石になっているとの論理を日本は積極的にアメリカに訴えるべきである。

たしかに「国家安全保障戦略」においても、「普遍的価値やルールに基づく国際秩序の構築」に寄与することが謳われているが、それはあくまでもグローバル安保やグローバル社会における大国ぶる外交の一環でしかない。日本は中級国家として、あくまでもローカル安保を軸にローカルな秩序の維持に全力を傾注することで、「普遍的価値やルールに基づく国際秩序の構築」に寄与すべきである。尖閣問題は、まさにその象徴である。虎を巨竜との対決に引きずり込む、これこそ虎のような牙のない狐が取りうる唯一の戦略である。

仮にアメリカが尖閣防衛戦略を日本と共有できなければ、たとえば対中防衛ラインをグアムにまで下げる、あるいは経済的利益を優先して米中野合の「新型の大国関係」を選択した場合、日米同盟は事実上破綻する。米軍の支援なしでは日本は単独で尖閣諸島を防衛できない。尖閣が防衛できないということは、沖縄も防衛はできない。琉球回収を呼号する中国は、当然沖縄を回収しようとするだろう。そうなる前に日本は、かねてより沖縄で主張されている琉球独立を承認し、尖閣問題を「琉球国」と中国との間の問題にして、日中間の領土問題を解消するしかない。同時に、普天間、辺野古など在沖米軍の基地問題は一八五四年の琉米修好条約に基づき琉球国とアメリカとの間で解決すべき問題とする。

もちろんこうした日本の観点からの琉球独立論ではなく、日本の支配を受けてきた琉球国の視点に立てば、日本からの独立は当然のことであろう。日米中はじめ国際社会が琉球国を非武装中立国として独立を承認、保障することが最も望ましいと思われる。平和大国ドクトリンは、琉球国が日本に代わってカントのいう「ある強力で啓蒙された民族が一共和国」となり、琉球国が「ほかの諸国家に対して連合的結合のかなめの役をはたす」ことを期待し、独立を支持する。

とはいえ、琉球が独立するかどうかは琉球人の自己決定権に基づいており、琉球が独立できるかどうかは琉球人の決断にかかっており、琉球の独立が維持できるかどうかは琉球人の外交にかかっている。

5　狐の抑止戦略

抑止力は、前述したように通常軍事力、経済力がその源泉となる。場合によっては、文化が抑止力として機能する場合もある。積極的対米貢献による日米同盟強化で対中、対北朝鮮の抑止力が増すとの安倍ドクトリンの軍事抑止偏重に抗して、平和大国ドクトリンでは安心をも供与する狐の抑止戦略すなわち九条による平和大国というソフトパワーに基づく文化抑止戦略を提案する。

†手品のタネ――自衛隊

憲法九条は「非武装主義」「非暴力主義」「非戦主義」「戦争廃絶主義」の平和主義の理想を掲げる一方、「国民の自衛権に基づく」専守防衛のための自衛力の保有を黙認している。この平和主義と専守防衛の矛盾を止揚する手品のタネが、自衛隊である。狐の軍事戦略では、機能的には軍隊でありながら憲法上これまで一度も裁判所からは軍隊として認められていない自衛隊の存在を容認し、教条護憲派の主張するように憲法の理想に従って自衛隊をなくすでもなく、明文改憲派のように自衛隊を明文改憲で軍隊として認知するでもなく、その法的存在は曖昧のままにしておく。この曖昧さが安全保障のジレンマを防ぎ、抑止力となる。

教条護憲派の主張するように、自衛隊を廃棄すれば、日米同盟は有名無実化して軍事抑止力は失われ、軍事力の均衡によって維持されているアジア地域の平和と安定は根底から崩壊する。他方、憲法を改正し自衛隊を軍隊と認めてしまえば、日本の軍国主義復活や軍事大国化の懸念から周辺諸国の軍拡を誘い、それに対抗して日本も軍拡せざるを得なくなる。こうして軍拡競争の悪循環が始まり、日本は安全を目指しながら安全を確保できない、いわゆる安全保障のジレンマに陥る危険性がある。

また安全保障には抑止だけでなく安心の供与が欠かせない。教条護憲でもなく明文改憲でもない曖昧な状態で自衛隊を維持することで、相手国に安心を供与するだけでなく抑止も維持できる。憲法の理想に即して平和主義を掲げ非軍事化を目指す九条を維持することで、九条で自己抑制された自衛隊が相手国に安心を供与し軍拡を思いとどまらせ、安全保障のジレンマを回避できる。その一方で政治の現実に即して日本がいつか明文改憲をして自衛隊を国軍とし核武装化、軍事大国化、軍国主義化するのではないかとの恐れを抱かせることで抑止力として機能する。

したがって九条の抑止戦略が成立するには、常に護憲派と改憲派が対立し、対立に決着のつかない曖昧な政治状況が必要となる。それと同時に護憲、改憲いずれの主張にも行動に裏付けられた信憑性がなければならない。改憲の主張は安倍ドクトリンによって信憑性が増す一方、護憲の主張は瑞雲のごとく信憑性が薄らぐ一方である。平和大国ドクトリンは、自衛隊を抑止の要とする軍事抑止偏重の安倍ドクトリンに抗して、平和主義を実践することで平和ブランドを世界中に喧伝し、周辺国に安心を供与することを目指す。

実は、この安心と抑止の九条の抑止戦略は何も目新しい戦略ではない。かつての専守防衛の吉田ドクトリンと何も変わるところはない。ただし吉田ドクトリンで安心を供与していたのは護憲派ではなく、日米同盟である。日本は日米同盟を対ソ抑止力とする一方で、アメリカは日米同盟を日本の軍国主義復活を防ぐ「瓶の蓋」として中国に安心を供与した。また七〇年代に日本は日米同盟の下で専守防衛態勢をとり、基盤的防衛力に基づき防衛費の上限をGNP一%程度として軍拡を自制した。冷戦時代には日米同盟が周辺国に安心を供与していたために、護憲派が平和主義を実践しなくても、ただ改憲や自衛隊に反対と叫ぶだけでよかったのである。

しかし、冷戦が終焉した今日、日米同盟はリージョナル安保、グローバル安保へと拡大し、安心を供与する「瓶の蓋」になるどころか、アメリカから防衛力の増強が求められるようになった。その要求に最大限に応えようとしているのが軍事抑止偏重の安倍ドクトリンである。このまま積極的対米貢献主義を遂行していけば、周辺国の軍拡を助長し、日本は安全保障のジレンマに陥ってしまう。それを防ぐには、カウンターバランスとして護憲派による平和主義の実践が必要である。護憲派が平和主義を実践することで、「非武装主義」、「非暴力主義」、「非戦主義」、「戦争廃絶主義」の護憲派の主張に信憑性を与え、周辺国に安心を供与する。また教条護憲派が平和主義を実践すれば、「自衛隊・安保への倫理的タダ乗り」の欺瞞こそ立憲主義を危うくしているとの井上達夫の批判に反論でき、立憲主義は維持できる。平和大国ドクトリンで何よりも重要なのは、自衛隊ＰＫＯ部隊に対抗する民間ＰＫＯの九条部隊による平和主義の実践である。

†九条部隊による安心供与

安倍ドクトリンでは、国際協調主義に基づいて自衛隊を積極的に海外に派遣し、国際平和に貢献するとしている。他方、平和大国ドクトリンでは日米安保をローカル安保に再々定義し、自衛隊を専守防衛で国土防衛に専念させる。では憲法前文に謳われている「いづれの国家も、自国のことのみに専念して他国を無視してはならないのであつて」との国際協調主義を誰が実践するかが問題となる。そこで自衛隊ＰＫＯ部隊に代わって登場するのが、非武装の民間ＰＫＯ部隊すなわち九条部隊である。

九条部隊は、主として技能を持った退職者のシルバーボランティアで編制する。活動資金は、九条部隊の理念に賛同する者の寄付に基づく。部隊の中核として期待できるのは、護憲運動の中核を担ってきた日本労働組合総連合会いわゆる「連合」である。連合には多くの企業組合や教職員組合などさまざまな職種の労働者が結集している。その退職者が自ら培ってきた技能を活かして九条部隊に参加すれば、自衛隊とは比較にならないくらい、有能な民間ＰＫＯの九条部隊が編制できる。

また第四章で前述したが、湾岸危機の一九九〇年に日本社会党は「自衛隊とは明確に一線を画した国連平和協力機構」を提案している。九条部隊は同機構と本質的には変わらない。

九条部隊の目的は、前述の歴史平和主義と憲法平和主義からなる日本の平和主義の理念に基づき、国連の主導の下、日本やカナダが中心になって進めている「人間の安全保障」すなわち人々を「欠乏」から救う「開発する責任」および「恐怖」からも解放する「保護する責任」を実践することにある。この実践を通して憲法前文の国際協調主義を具現化し、世界中に日本の平和大国ブランドを広め、日本に対する文化抑止力を高め、周辺国に安心を供与するのである。

日本の平和主義を実践する九条部隊の具体的任務は、紛争の三つの段階すなわち紛争予防、紛争解決、平和回復に介入し、平和構築にあたる。紛争予防、紛争解決では「保護する責任」を果たすため、非暴力による地域紛争の予防、仲裁、調停、解決を目指す。平和回復では「開発する責任」を果たすために、これまで自衛隊ＰＫＯが担当していた復興支援、人材訓練・教育等を行う。

現在自衛隊ＰＫＯはもっぱら「開発する責任」を担っており、停戦や終戦後の国家再建に任務の重点がある。しかし、現在の国連ＰＫＯは次第に「保護する責任」に軸足を移しつつある。たとえば、現在コンゴで展開している国連コンゴ安定化派遣団（MONUSC）には二〇一三年に住民保護を目的に武装集団の拡大防止、無力化、武装解除のために武力行使が認められている。また南スーダンに展開している国連南スーダン共和国ミッション（UNMISS）もまた住民の保護のための武力行使が交戦規則で認められている。憲法上交戦権を放棄し、個人の正当防衛権しか原則認められていない自衛隊には「保護する責任」を果たすことは極めて困難である。したがって自衛隊ＰＫＯに代わって憲法上の縛りのない九条部隊が「保護する責任」を果たすのである。

通常国連ＰＫＯが担当する紛争予防や紛争解決など「保護する責任」を果たすＮＧＯは海外では決して珍しくはない。たとえば、国際平和旅団（Peace Brigades International、一九八一年設立)、平和のための証人(Witness for Peace、一九八三年設立)、クリスチャン・ピースメーカー・チームズ(Christian Peacemaker Teams、一九八八年設立)、非暴力平和隊(Nonviolent Peaceforce、二〇〇二年設立)などが、世界の紛争地で非武装の文民による平和維持や住民の保護に当たっている。これらのNGOには数少ないながらも日本人も参加している。また非暴力平和隊には日本支部があり、かつて内戦下にあったスリランカで住民保護の活動に参加したこともある。

彼らの思想的淵源の一つは、対立・紛争に非武装、非暴力で介入して紛争の収拾をめざすガンディーのシャンティ・セーナ(Shanti Sena、平和隊)の構想にある。ガンディー自身は暗殺されたために構想を実現することはできなかったが、非暴力平和隊などの民間PKOがガンディーの遺志を引き継いで活動している。

そして今一つの思想的淵源はブレザレン、クエーカー、メノナイトなど徹底した非暴力を主張するキリスト教の絶対平和主義にある。たとえばクリスチャン・ピースメーカー・チームズは絶対平和主義の一派メノナイト派のPKO部隊である。第一次世界大戦を契機にアメリカやイギリスにそれぞれクエーカー教のフレンズ奉仕団が創設され、平和活動を実践している。その実践的な平和活動が評価され、一九四七年にはノーベル平和賞を受賞している。

とくに欧米では、キリスト教の宗教的信念に基づきPKO活動が行われることが多い。そのために、非キリスト教地域とりわけイスラム教地域でPKO活動がキリスト教布教の一環とみなされることがあり、かえって対立をあおる場合がある。事実、二〇〇八年にはアフガニスタンで身体障碍者の支援活動を行っていたキリスト教NGOのSERVEの女性職員が射殺される事件が起こった。

九条部隊の思想的淵源は、歴史平和主義と憲法平和主義からなる日本の平和主義である。歴史平和主義はともかく、憲法平和主義はキリスト教の絶対平和主義を淵源としている。九条の思想的淵源であるパリ不戦条約はキリスト教の絶対平和主義に多大な思想的影響を受けている。だからと言って日本人がキリスト教の宗教的影響を受けているわけではない。日本の平和主義が受け継いだのは、あくまでも普遍的理念としての非暴力、非戦の思想である。その意味で日本の平和主義は歴史平和主義に裏打ちされた非宗教的、普遍的平和主義であり、世界中で受け入れられる理念である。その理念を実践する限り、九条部隊の活動は中立的とみなされ、世界中どこでも受け入れられるだろう。

たしかにNGOが非武装、非暴力で「保護する責任」を果たすのは困難である。だとしても、少なくとも自衛隊PKOに代わって「開発する責任」を担うことはできるはずだ。すでにそうした組織は退職自衛官を中心に結成されている。「日本地雷処理を支援する会」（ＪＭＡＳ）である。ＪＭＡＳは不発弾や地雷、機雷処理の技術を持つ退職自衛官が、その技能を活かし、これまでカンボジア、ラオス、アフガニスタン、南アフリカ、ペリリュー島等で地雷や不発弾等の処理活動を担ってきた。また同様の目的でやはり退職自衛官が東チモールで活動するＮＰＯ「日本地雷処理・復興支援センター」（ＪＤＲＡＣ）を立ち上げている。

九条部隊の最初の活動予定地域は、南スーダンである。九条部隊を派遣し、駆け付け警護が懸念されている自衛隊ＰＫＯと交代するのである。現在南スーダンに派遣されている自衛隊ＰＫＯは、国連が管理する基地の中に宿営地を設営して、隊員の多くが街に出ることもなく駐留している。目的は復興支援というよりもＰＫＯに参加することで、国連における日本の影響力の拡大、地位向上やアフリカで影響力を増大する中国への対抗をもくろんでいるとしか思われない。また国際法的には自衛隊は軍事組織とは認められず、自衛官は軍人としての保護も受けないなど、自衛隊ＰＫＯは法的にも非常に不安定な状況に置かれている。任務も法的地位も曖昧な自衛隊ＰＫＯに代わって、土木、建設、教育等の技能を持った退職労働者が九条部隊を編制し南スーダンの復興支援に努力すれば、それこそ地元の人たちだけでなく、日本の憲法平和主義の実践として国際社会から高く評価されるだろう。

アフガニスタン・カブール市外でのJMASによる地雷処理訓練（著者撮影）

こうした不断の努力や時には自己犠牲等の平和主義の実践の積み重ねが、護憲派の非武装、非暴力の主張に信憑性を与え、立憲主義を護り、そして周辺国に安心を供与し、文化抑止力として機能し、日本の平和と安定につながるのである。最終的には、現在国連で構想されている、個人の自由意志に基づく国連直轄の紛争調停、復興支援のための国連緊急平和部隊（UNEPS: UN Emergency Peace Service）を九条部隊を中核に実現していくのである。それはまさに個人の自衛権を国連に譲渡することであり、吉田茂が夢見た憲法の理想の実現である。

考えてみれば、「奇抜を看板にし、新しさを売物にして痛快がるというようなこと」もなく、平和大国ドクトリンほど常識的で穏当で真っ当な国家安全保障戦略はない。平和大国ドクトリンが安倍ドクトリンに抗することができるかどうかは、護憲派が瑞雲を求めるのではなく、南海先生の教えにならい、護憲を実践できるかどうかにかかっている。

註

1 中江兆民（1965）、九三頁。
2 同右、一〇九頁。
3 同右、一〇九頁。
4 同右、六〇頁。
5 広義の安倍ドクトリンとは、国家安全保障戦略のほかに、安倍政権が進めるアベノミクスの経済、新教育基本法の文化を含めた政策をいう。
6 内閣府統計局 www.esri.cao.go.jp/jp/sna/data/data_list/kakuhou/.../kokusaihikaku20151225.*pdf*
7 Global Wealth 2015:Winning the Growth Game
8 内閣府統計局 www.esri.cao.go.jp/jp/sna/data/data_list/kakuhou/.../kokusaihikaku20151225.*pdf*
9 防衛省・自衛隊 HP「その他の取組」http://www.mod.go.jp/j/approach/others/shiritai/budget_h26/img/budget_03_a.jpg
10 AFP（二〇一五年七月二三日）「**【図解】**日中など六か国の軍事力比較」http://www.afpbb.com/

articles/-/3055197

11 防衛白書二〇一五年

12 『自衛隊装備年鑑』朝雲新聞社、二〇一五年。

13 外務省ＨＰ「ＯＤＡ」http://www.mofa.go.jp/mofaj/gaiko/oda/shiryo/yosan.html

14 ジョン、ワン（2014）、四七頁。

15 朝日新聞政治部取材班『安倍政権の裏の顔』講談社、二〇一五年、二三－二九頁。

16 同右三〇－三二頁。

17 同右

18 牧野愛博『戦争前夜』文藝春秋、二〇一五年、一五〇頁。

19 等雄一郎（2006）、一九頁。

20 第二二回国会衆議院外務委員会議事録九頁。

21 等雄一郎（2006）、二五頁。

22 ICJ (1996). "Legality of the Threat or Use of Nuclear Weapons", July 8.

23 二〇一六年二月一七日、憲法審査会における自民党丸山和也参議院議員の発言。

24 伊藤不二男（1960）、二九頁。

25 参議院憲法審査会『日本国憲法に関する調査報告書』（平成一七年四月二〇日）、七三頁。

26 ホッブズ（1979）、一六九頁。

27 ［〇〇一／〇〇一］六－衆－外務委員会－一号 二頁　昭和二四年一一月〇九日（一九／一〇五）

28 石橋政嗣（1980）、四一頁。
29 同右、七〇頁。
30 井上達夫（2015）、二五頁。
31 平成二年十月十六日　衆議院会議録第二号「国務大臣の演説に対する土井たか子君の質疑」。
32 「『国連平和協力機構』設置大綱——国連中心の平和協力の推進について」『月刊社会党』一九九一年一月号、一五七頁。
33 平成十二年九月二十八日、第一五〇国会衆議院憲法調査会議録第一号。
34 法案については、以下を参照。平成二年十月十八日、第一一九回国会衆議院国際連合平和協力に関する特別委員会議録第一号。
35 第一三〇回国会衆議院会議録第二号、五頁。
36 丸山眞男（2014）、二七一頁。
37 長沼ナイキ基地訴訟——第一審判決（札幌地裁昭和四八・九・七判決）（『判例時報』七一二号、一九七三年一〇月一日、二四 - 九〇頁）。
38 群民蜂起の可能性については、憲法学者芦部信喜も指摘している。芦部信喜著・高橋和之補訂『憲法〔第三版〕』（二〇〇二年）岩波書店、注（一八）、二六六頁。
39 カント（1985）、一七頁。
40 林尚之（2014）、二四頁。
41 〇〇二／〇三〇〕九〇 - 貴 - 本会議 - 二三号（回）昭和二一年〇八月二六日（一五／三六）

42 丸山眞男（2014）、二七一頁。
43 ホッブズ（1979）、一九六頁。
44 丸山眞男（2014）、二七一頁。
45 森嶋通夫（1979b）、一一八頁。
46 ドーア、ロナルド（2012）、〇一四頁。
47 同右、〇一四頁。
48 ドーア（1993）、一七九頁。
49 ドーア（2012）、〇一四頁。
50 同右、〇一三頁。
51 長谷部恭男（2004）、一六〇頁。
52 同右、一六〇 - 一七七頁。
53 同右、一七二 - 一七三頁。
54 平山朝治（2015）、一頁。
55 加藤典洋（2015）、四四五頁。
56 同右、四四五頁。
57 井上達夫（2006）、一四二頁。
58 同右、一四二頁。
59 同右、一四二頁。

60 福沢諭吉(2007)、一七七頁。
61 同右、一八四−一八五頁。
62 千葉眞(2007)、一九一頁。
63 カント(1985)、四五頁。
64 細谷雄一(2016)、〇〇六頁。
65 同右、二一一頁。
66 同右、二〇八頁。
67 原彬久編(2003)、一三二頁。
68 中江兆民(1965)、五九−六〇頁。
69 Michael Auslin, *Wall Street Journal* Sep. 24, 2012.

参考文献

石橋政嗣（1980）『非武装中立論』日本社会党中央本部機関紙局
伊藤不二男（1960）「自衛権の法史」『國際法外交雑誌』59巻（1・2号）、（一九六〇年七月三〇日）
井上達夫（2006）「九条削除論」『論座』編集部編『リベラルからの反撃』朝日選書
井上達夫（2015）「九条問題再説――『戦争の正義』と立憲民主主義の観点から」竹下賢・酒匂一郎・河見誠・長谷川晃編『法の理論〈33〉特集 日本国憲法のゆくえ』成文堂
加藤典洋（2015）『戦後入門』ちくま新書
カント（1985）『永遠平和のために』宇都宮芳明訳、岩波文庫
ジョン、ワン（2014）『中国の歴史認識はどう作られたのか』伊藤真訳、東洋経済新報社
添谷芳秀（2005）『日本の「ミドルパワー」外交』ちくま新書
千葉眞（2007）「平和の思想について――グランドセオリー構築との関連で」植田隆子・町野朔編『平和のグランドセオリー序説』風行社
ドーア、ロナルド（1993）『「こうしよう」と言える日本』朝日新聞

ドーア、ロナルド（2012）『日本の転機』ちくま新書
中江兆民（1965）『三酔人経綸問答』桑原武夫・島田虔次訳・校注、岩波文庫
長谷部恭男（2004）『憲法と平和を問いなおす』ちくま新書
林尚之（2014）「戦後日本の主権国家と世界連邦的国連中心主義」『立命館文學』637
原彬久編（2003）『岸信介証言録』毎日新聞
等雄一郎（2006）「専守防衛論議の現段階——憲法第9条、日米同盟、そして国際安全保障の間に揺れる原則」『レファレンス』二〇〇六年五月号
平山朝治（2015）「日本国憲法の平和主義と、安全保障戦略」筑波大学大学院人文社会科学研究科国際日本研究専攻『国際日本研究』第七号、二〇一五年三月
福沢諭吉（2007）『福翁自伝』岩波文庫
ホッブズ、T（1979）『世界の名著　ホッブズ』永井道雄責任編集、中央公論社
細谷雄一（2016）『安保論争』ちくま新書
松島泰勝（2012）『琉球独立への道』法律文化社
丸山眞男（2014）、『丸山眞男話文集続3』丸山眞男手帖の会編、みすず書房
森嶋通夫（1979a）「新「軍備計画論」」『文藝春秋』一九七九年七月号
森嶋通夫（1979b）「新「軍備計画論」補論」『文藝春秋』一九七九年一〇月号
ルソー、J・J（1954）『社会契約論』桑原武夫・前川貞次郎訳、岩波文庫
横田喜三郎（1951）『自衛権』有斐閣

ロック、J（1997）『全訳 統治論』伊藤宏之訳、柏書房

Christopher Hughes, *Japan's Foreign and Security Policy Under the 'Abe Doctrine' New Dynamism or New Dead End?* (Palgrave Macmillan UK, 2015).

ちくま新書
1220

日本《にほん》の安全保障《あんぜんほしょう》

二〇一六年一二月一〇日 第一刷発行

著者 加藤朗（かとう・あきら）

発行者 山野浩一

発行所 株式会社 筑摩書房
東京都台東区蔵前二-五-三 郵便番号一一一-八七五五
振替〇〇一六〇-八-四一二三

装幀者 間村俊一

印刷・製本 三松堂印刷 株式会社

乱丁・落丁本の場合は、左記宛にご送付ください。送料小社負担でお取り替えいたします。
ご注文・お問い合わせも左記へお願いいたします。
〒三三一-八五〇七 さいたま市北区櫛引町二-六〇四
筑摩書房サービスセンター 電話〇四八-六五一-〇〇五三

ISBN978-4-480-06925-2 C0231

ちくま新書

294
デモクラシーの論じ方
——論争の政治
杉田敦
民主主義、民主的な政治とは何なのか。あまりに基本的と思える問題について、一から考え、デモクラシーにおける対立点や問題点を明らかにする、対話形式の試み。

465
憲法と平和を問いなおす
長谷部恭男
情緒論に陥りがちな改憲論議と冷静に向きあうには、そもそも何のための憲法かを問う視点が欠かせない。この国のかたちを決する大問題を考え抜く手がかりを示す。

535
日本の「ミドルパワー」外交
——戦後日本の選択と構想
添谷芳秀
「平和国家」と「大国日本」という二つのイメージに引き裂かれてきた戦後外交をミドルパワー外交と積極的に位置付け直し、日本外交の潜在力を掘り起こす。

594
改憲問題
愛敬浩二
戦後憲法はどう機能してきたか。改正でどんな効果が期待できるのか。改憲論議にはこうした実質を問う視角が欠けている。改憲派の思惑と帰結をクールに斬る一冊！

625
自治体をどう変えるか
佐々木信夫
行政活動の三分の二以上を担う地方を変えることは、この国のかたちを変えることにほかならない。「官」と「民」の関係を問い直し、新たな〈公〉のビジョンを描く。

655
政治学の名著30
佐々木毅
古代から現代まで、著者がその政治観を形成する上でたえず傍らにあった名著の数々。選ばれた30冊は混迷を深める時代にこそますます重みを持ち、輝きを放つ。

722
変貌する民主主義
森政稔
民主主義の理想が陳腐なお題目へと堕したのはなぜか。その背景にある現代の思想的変動を解明し、複雑な共存のルールへと変貌する民主主義のリアルな動態を示す。

ちくま新書

1111 平和のための戦争論 ——集団的自衛権は何をもたらすのか？ 植木千可子

「戦争をするか、否か」を決めるのは、私たちの責任になる。集団的自衛権の容認によって、日本と世界はどう変わるのか？　現実的な視点から徹底的に考えぬく。

1122 平和憲法の深層 古関彰一

日本国憲法制定の知られざる内幕。そもそも平和憲法は押し付けだったのか。天皇制、沖縄、安全保障……その背後の政治的思惑、軍事戦略、憲法学者の主導権争い。

1142 告発の正義 郷原信郎

公訴権を独占してきた「検察の正義」と、不正や不祥事を捜査機関に申告する「告発の正義」との対立、激変する両者の関係を腑分け。問題点から可能性まで考察する。

1150 地方創生の正体 ——なぜ地域政策は失敗するのか 山下祐介 金井利之

「地方創生」で国はいったい何をたくらみ、地方をどう支配しようとしているのか。気鋭の社会学者と行政学者が国策の罠を暴き出し、統治構造の病巣にメスを入れる。

1152 自衛隊史 ——防衛政策の七〇年 佐道明広

世界にも類を見ない軍事組織・自衛隊はどのようにできたのか。国際情勢の変動と平和主義の間で揺れ動いてきた防衛政策の全貌を描き出す、はじめての自衛隊全史。

1173 暴走する自衛隊 纐纈厚

自衛隊武官の相次ぐ問題発言、国連ＰＫＯへの参加、庁から省への昇格、安保関連法案の強行可決、文官優位の廃止……。日本の文民統制はいま、どうなっているか。

1176 迷走する民主主義 森政稔

政権交代や強いリーダーシップを追求した「改革」がもたらしたのは、民主主義への不信と憎悪だった。その背景に何があるのか。政治の本分と限界を冷静に考える。

ちくま新書

1185
台湾とは何か
野嶋剛
国力において圧倒的な中国・日本との関係を深化させる台湾。日中台の複雑な三角関係を波乱の歴史、台湾の社会・政治状況から解き明かし、日本の針路を提言。

1193
移民大国アメリカ
西山隆行
止まるところを知らない中南米移民。その増加への不満がいかに米国社会を蝕みつつあるのか。米国の移民問題の全容を解明し、日本に与える示唆を多角的に分析する。

1195
「野党」論
――何のためにあるのか
吉田徹
野党は、民主主義をよりよくする上で不可欠のツールだ！　野党に多角的な光を当て、来るべき野党を、これからの対立軸を展望する。「賢い有権者」必読の書！

1199
安保論争
細谷雄一
平和はいかにして実現可能なのか。安保関連法をめぐる激しい論戦のもと、この重要な問いが忘却されてきた。外交史の観点から、現代のあるべき安全保障を考える。

1211
ヒラリーの野望
――その半生から政策まで
三輪裕範
米国史上初の女性大統領誕生へ！　ヒラリー・クリントンの生涯における数々の栄光と挫折、思想、政策の展望や手腕を、ワシントン在住の著者が克明に描き出す。

457
昭和史の決定的瞬間
坂野潤治
日中戦争は軍国主義の後ではなく、改革の途中で始まった。生活改善の要求は、なぜ反戦の意思と結びつかなかったのか。日本の運命を変えた二年間の真相を追う。

601
法隆寺の謎を解く
武澤秀一
世界最古の木造建築物として有名な法隆寺は、創建・再建の動機を始め多くの謎に包まれている。その構造から古代史を読みとく、空間の出来事による「日本」発見。